뉴트로 사중복음

존재[存在]

이 세상에 홀로 일수 없는 나
그러므로 난,
둘 이상의 의미를 지닌다.

- 서계원 목사(창동성결교회 담임) -

뉴트로 사중복음

2023년 10월 26일 1쇄 인쇄
2023년 11월 03일 1쇄 발행

발 행 처 │ 예수교대한성결교회 총회(도서출판 예수교대한성결교회 출판부)
발 행 인 │ 조일구
편 집 인 │ 이강춘
책임편집 │ 서경원
편   집 │ 예수교대한성결교회 총회 교육국
등록번호 │ 1974.2.1. No.300-174-2
보 급 처 │ 예수교대한성결교회 총회 교육국
전   화 │ 070) 7132-0020~1

ISBN 978-89-94625-77-5 (03230)
Copyright@2023, 도서출판 예수교대한성결교회 출판부

뉴트로
사중복음

newtro 중생
성결
신유
재림

도서출판
JKSC

옛것인데, 새것이로다 !

　총회 교육국에서 '뉴트로 사중복음'이란 제목으로 공과를 출간한다고 합니다. '사중복음'이라는 말은 익숙하고, '뉴트로'라는 말은 들어보긴 했지만 다소 낯설어 『시사상식 사전』에서 이 말의 뜻을 찾아보았습니다.

　'뉴트로'는 새로움(New)과 복고(Retro)를 합친 신조어로, 복고(Retro)를 새롭게(New) 즐기는 경향을 말한다. 이는 '유행은 돌고 돈다'는 말과도 연관돼 있는데, 실제로 과거에 유행했던 디자인이 수십 년 뒤에 다시 유행하는 상황을 보면 알 수 있다. '레트로'가 과거를 그리워하면서 과거에 유행했던 것을 다시 꺼내 그 향수를 느끼는 것이라면, '뉴트로'는 같은 과거의 것인데 이걸 즐기는 계층에겐 신상품과 마찬가지로 새롭다는 의미를 담고 있다.

　저는 제 나름대로 '뉴트로'를 과거의 것을 새롭게 해석하여 새것으로 즐기는 열린 태도로 정의했습니다. 그리고 나니 '뉴트로 사중복음' 공과의 출간이 마음에 더 와닿았습니다.

　현자 솔로몬은 "해 아래 새것은 없다"라고 했습니다. 맞습니다. 모든 일은 모양은 좀 다를지라도 지난 일의 반복일 뿐입니다. 반복은 지루합니다. 반복을 좋아하는 사람은 없습니다. 반복은 새로움을 지향하는 존재인 인간이 지양하는 것 중 하나입니다. 아이들은 늘 "심심해"라고 합니다. 어른들도 늘 권태에서 벗어나려고 애를 씁니다. 그래서 현자 솔로몬은 "(반복되는) 해 아래의 모든 것이 헛되고 헛되며 헛되다"라고 했습니다.

그러나 반복해도 지루하지 않은 것이 있습니다. 반복할수록 더 좋은 것이 있습니다. 반복하면 할수록 더 새로워지는 것이 있습니다. 바로 진리의 탐구와 실천입니다. 진리에는 늘 새로우신 분인 창조주 하나님의 성품(신성)과 뜻이 들어 있습니다. 하나님은 성경으로 진리를 계시하셨습니다. 하나님은 성경에 진리를 담으셨습니다. 그래서 누구든지 성경을 읽고, 그 가르침대로 살면 그는 늘 새롭습니다. 성경대로 살아가는 사람은 지루할 틈이 없습니다. 성경대로 살면 그는 늘 새로운 피조물입니다(고후 5:17)!

'사중복음'은 진리를 담은 성경을 4개의 개념(단어)으로 압축한 복음 중의 복음입니다. 한국 성결교회의 선배들은 약 100년 전부터 '사중복음'으로 인간을 구원하는 하나님의 진리를 외쳐왔습니다. 그동안 세월이 많이 지났습니다. 그러다 보니 이제 '사중복음'도 옛것이 되어 버렸습니다. 용어 자체도 '옛것이다'라는 느낌을 줍니다.

하지만 '사중복음' 안에는 인간을 새롭게 하는 진리가 담겨 있습니다. 그 안에는 인간이 영원히 새로워지는 방법이 들어있습니다. 새롭게 해석하기만 한다면 우리를 날마다 죄에서 해방된 새로운 피조물로 살아가게 할 하나님의 능력이 들어있습니다. 문제는 "우리가 어떻게 '사중복음'을 새롭게 해석할 것인가?"라는 것입니다.

이런 때에 총회 교육국에서 '뉴트로 사중복음'을 기획하여 발간한다고 합니다. '뉴트로'가 하나의 생활방식으로 유행하고, '사중복음'의 본질은 유지하되 시대를 아우르며 선도하는 새로운 해석과 적용이 필요한 이 시점에 참으로 시의적절한 시도라고 여겨집니다.

저는 '뉴트로 사중복음'이 완전할 것이라고 기대하지 않습니다. 우리는 이 시도가 이전과 별 차이가 없다고 느낄 수도 있습니다. 그러나 이러한 시도 자체만으로도 이 공과의 발간은 큰 의미가 있다고 확신합니다. 이 시도는 시대를 끌어안는 성결한 복음으로 이 시대를 섬기려는 성결인의 정체성과 사랑, 시대정신을 표현하고 있기 때문입니다.

이 공과의 발간으로 예성의 가족들이 '나는 성결인'이라는 정체성과 자부심을 가질 수 있기를 바랍니다. 이 공과가 노인 세대와 MZ 세대 모두를 하나님께로 이끄는 하나님의 도구가 되기를 간절히 기도합니다. 이 공과의 발간을 계기로 '사중복음'이 과거와 현재, 미래 모두를 관통하는 하나님의 진리로 계속 발전하기를 소망합니다.

2023년 10월 31일 화요일
총회장 **조일구 목사** (한사랑교회 담임)

● 공과 기획 의도와 소개

   1. '뉴트로(newtro)'는 새로움(New)과 복고(Retro)를 합친 신조어로서 복고를 새롭게 하고 즐기는 경향을 일컫는 말입니다.

   '사중복음(四重福音; The Four-fold Gospel)'은 성결교회의 근간이자 전도의 표제입니다. '뉴트로 사중복음'이란 단어에는 성결교회의 정체성이 담긴 '사중복음'을 본질은 유지하되 표현과 내용은 새로운 시대의 감각으로 다루어 보자는 뜻이 담겨 있습니다.

   2. '사중복음'의 두 번째 글자인 한자어 '중(重)'은 '겹치다'의 의미가 있습니다. 그래서 '사중(四重)'이라는 용어는 "네 겹", "네 번 겹침"이라는 의미입니다.

   '사중복음'의 영어 표현인 'The Four-Fold Gospel' 또한 '네 번 접힌, 네 번 겹쳐진 복음'이라는 의미를 담고 있습니다. 이렇듯 예수 그리스도의 복음은 유일하지만 4가지 유형 즉, '중생, 성결, 신유, 재림'으로 나타나고 표현된다는 의미입니다. 한 분이신 예수님이 우리의 구원자, 성결케 하시는 분, 치유하시는 분, 다시 오실 왕이심을 선포하는 복음이 '사중복음'인 것입니다.

   3. '사중복음'은 '중생(重生), 성결(聖潔), 신유(神癒), 재림(再臨)'을 말합니다.

『교회용어사전(Glossary of Christianity) : 교리 및 신앙』(스펠 서브, 『교회용어사전(Glossary of Christianity)』(생명의말씀사, 2013)에서는 이를 이렇게 요약합니다.

① '중생(重生)'은 예수를 믿음으로써 새 생명을 얻는 것이며, ② '성결'은 성령의 역사로 내면의 부패성으로부터 정결해짐이다. ③ '신유'는 육체적인 질병의 치유만이 아닌 정신적 치유를 포함한다. ④ '재림'은 예수가 다시 오심을 의미한다.

『교회용어사전(Glossary of Christianity) : 교파 및 역사』에서는 사중복음을 이렇게 설명합니다.

'중생(重生)'은 '어떻게 하여야 영생을 얻을까'에 관한 대답이며, '성결(聖潔)'은 '어떻게 하여야 참된 신자가 될 수 있는가?'의 대답이요, '신유(神癒)'는 '인간을 괴롭히는 질병으로부터의 해방'에 관한 대답이며, '재림(再臨)'은 '영원한 미래'에 대한 대답이다. 이렇게 본다면, 사중복음은 특정한 신학자의 사변적인 이론이 아니라 보통 사람이 가장 실존적으로 제기하는 질문에 대한 성경에서 말하는 답변이라 할 수 있다.

4. 좁게 보면 '사중복음'은 성결교회의 핵심 교리이자 전도의 표제입니다. 그러나 넓게 보면 '사중복음'은 성경과 복음을 압축한 복음 중의 복음입니다.

'사중복음'은 기독교라는 집을 지탱하는 네 개의 기둥에 비유할 수 있습니다. 성결교회는 그동안 힘써 '사중복음'을 전파해 왔습니다. 앞으로도 성결교회는 '사중복음'을 전파하며, 성결교회의 정체성을 유지하고 계승해 나갈 것입니다. 그러나 '사중복음'은 성결교회만의 전유물이 아닙니다. 기독교가 공유해야 할 영적 유산이자, 기독교인이라면 누구나 전파하고 가르침으로써 서로 나누어야 할 축복입니다.

5. 이 공과의 집필 의도는 하나님이 주신 영적 유산과 축복인 '사중복음'을 시대의 감각을 입혀 나누고자 하는 것입니다.

'사중복음'의 핵심은 변하지 않습니다. 그러나 '사중복음'이 전파되어야 하는 '시대'라는 무대는 달라졌습니다. 복음은 달라지면 안 되지만, 복음의 해석과 표현은 시대에 맞아야 합니다. 그래서 '시대'의 옷을 '사중복음'에 입혔습니다. 그리고 '사중복음'이라는 큰 테마 속에 묵상과 나눔을 더하여 알기 쉽게 전달하는 것뿐만 아니라 달라진 시대와 생활 속에 적용하도록 기획하였습니다. 그래서 '뉴트로 사중복음'이라 이름하게 되었습니다.

6. '사중복음'은 학문적 체계를 갖춘 신학입니다. 그러나 '사중복음'을 만들고, 전파했던 경건한 사람들의 목표는 '사중복음'을 딱딱한 학문이나 죽은 신학에 머물게 하는 게 아니었습니다.

'사중복음'의 목표는 하나님을 아버지로 하여 태어난 새로운 생명이 예수 그리스도를 목표로 자라게 하는 것입니다. '사중복음'의 존재 목적은 자신을 찾아오신 하나님을 만나 관계를 맺고, 하나님과 교제하는 영으로 살아난 사람(중생)들이 일상에서 균형 잡힌 삶과 거룩한 삶(성결)을 살아가도록 돕는 것입니다.

7. 한 인간의 변화는 쉬운 일이 아닙니다.

한 인간의 변화는 느리고, 답답합니다. 더구나 그것이 하나님을 닮아가는 일이라면, 그 변화는 결코 쉬운 일이 아닐 것입니다. 그렇다고 하더라도 우리는 이 일을 포기할 수 없습니다. 우리는 예수 그리스도를 목표로 자라 가도록 하나님께서 이 땅에 낳으신 생명이기 때문입니다.

이 공과를 배우고, 마친다고 해서 우리가 모든 사람이 인정할 만한 변화를 경험한다고 할 수는 없을 것입니다. 그러나 하나님의 은혜 주심을 구하며 매주 기독교의 복음이 압축된 '뉴트로 사중복음'을 겸손하고 성실하게 나눌 때, 하나님께서 이 공과를 나누는 모든 사람에게 주시기로 약속한 은혜를 주실 것을 확신합니다. 그리고 하나님이 이 시대를 섬기는 일에 우리를 차츰 세워가실 것이라 기대합니다.

● 공과 사용 길라잡이

1. 공과는 총 4부 52과로 구성되었습니다.

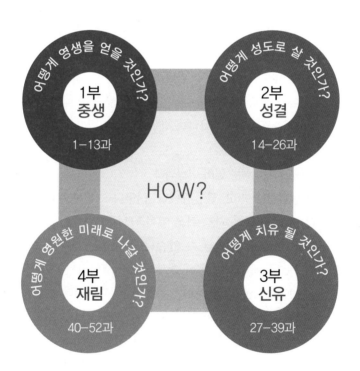

2. 각 공과는 전반부와 후반부로 되어있습니다.
   공과의 구조를 설명하면 다음 표와 같습니다.

구 분	전반부	후반부
제 목	그때 거기서 :성경 속으로	지금 여기서 :내삶 속으로
시 간	과 거	지 금
형 태	서 술	질 문
활용법	1. 돌아가며 읽기 2. 인도자가 읽기	1. 묻고 답하기 2. 토론
초 점	성경 읽기	삶에 적용

3. 교재 사용법

구분	내용
전반부	1. 방법은 뭐가 되든 좋습니다. 돌아가며 읽어도 좋고, 인도자가 대표로 읽어도 좋습니다. 교재를 따라 본문의 핵심 내용을 간단하지만 충실하게 공부합니다. 2. 성경 본문과 본문 해설을 읽으며, 성경이 말하고자 하는 메시지와 보편적 원리를 찾아냅니다.
후반부	1. 인도자의 인도를 따라 교재의 질문에 묻고 답합니다. 상황에 따라 질문을 바꾸거나 더할 수도 있습니다. 물론 토론도 가능합니다. 2. 중요한 것은 '적용에 초점 맞추기'입니다. 후반부의 목표는 "성경을 얼마나 알고 있는가? 오늘 공부한 내용을 얼마나 알고 있는가?"가 아닙니다. "오늘 성경에서 배운 내용을 어떻게 살아낼 것인가? 어떻게 내 삶에 적용할 것인가?"입니다. 3. 말씀은 삶이 되고, 삶은 예배가 되어야 합니다. 적용은 구체적이며, 개인적일수록 좋습니다. 살아있는 적용은 우리의 삶 전부를 하나님께 예배로 바칠 것입니다.

4. 공과 인도 (표준안)

1단계 찬양하기
- 약속된 시간과 장소에 모여 간단하게 인사한 뒤,
  뜨겁게 찬양합니다.

2단계 모임기도
- 찬양을 마친 뒤, 한 사람이 모임을 위해 기도합니다.

3단계 본문읽기
- 성경 본문을 읽습니다.

4단계 새길말씀
- 여러번 읽으며 외우려고 합니다.

5단계 마음열기
- 질문을 가지고 돌아가면서 이야기를 나눕니다.

6단계 말씀나눔
- 인도자가 읽으며 함께 듣고 생각합니다.
  1) 전반부 : 그때 거기서 / 성경 배우기
  2) 후반부 : 지금 여기서 / 성경 적용하기

7단계 합심기도
- 합심하여 기도합니다.
  1) 적용대로 살기를 다짐
  2) 모임의 공동 기도제목과 개인 기도제목을
     나누고 기도

8단계 교제시간
- 성도의 교제

● 차 례

1부 중생

2부 성결

3부 신유

4부 재림

중생 : 영의 부활

중생 성결 신유 재림

중생은 거듭난다, 다시 난다, 위로부터 난다는 뜻으로 사람이 의롭다 함을 얻는 동시에 성령으로 말미암아 그 인격 속에 이루어지는 도덕성의 급격한 변화를 말한다. 이로써 죄와 허물로 죽었던 심령이 예수 그리스도 안에서 새 생명으로 부활하는 것이다.

01

하나님이 천지를 창조하시다

본문 말씀 **창 1:1-31**

본문 읽기 창세기 1:1-31
새길 말씀 태초에 하나님이 천지를 창조하시니라(창 1:1)
본문 주제 하나님의 창조

○ **마음 열기** 당신이 경험한 가장 아름다운 곳은 어디인가요?

📖 **그때 거기서 : 성경 속으로**

하나님의 여러 가지 속성 중 대표적인 속성이 창조입니다. 하나님은 창조주이십니다. 이 세상의 모든 것이 창조주 하나님으로부터 비롯되었습니다. 기독교 신앙은 창조주 하나님과의 만남입니다. 하나님이 하신 일, 곧 창조에 대한 인간의 반응이 기독교 신앙입니다. 기독교 신앙은 창조신앙입니다. 창조신앙의 내용은 무엇일까요?

공과 인도 순서
1. 찬양하기
2. 모임기도
3. 본문읽기
4. 새길말씀
5. 마음열기
6. 말씀나눔
7. 합심기도
8. 교제시간

1. 창조주는 오직 하나님뿐입니다

본문에서 '창조하다'로 번역된 히브리어 동사는 '바라(בָּרָא)'입니다. 이 동사는 인간의 행위를 묘사할 때 쓰지 않고, 하나님이 명령으로 무엇을 하시는 경우에만 제한되어 사용됩니다. 이 동사의 주어는 언제나 하나님입니다. 동사 '바라'는 하나님을 주어로 해서 제한적으로 사용되는 신성한 동사입니다. 창세기 1장에는 이 동사가 세 번만 나옵니다(1:1, 21, 26-27). 그 외의 창조에는 다른 단어가 쓰였습니다. 이것이 말하는 진리는 '창조'는 오직 하나님만이 하실 수 있는 일이라는 사실입니다. 창조는 하나님만이 가지신 능력입니다. 창조는 창조주와 피조물 사이에 있는 엄청난 차이를 드러냅니다. 무(無)에서 유(有)를, 무의미에서 의미를 창조할 존재는 오직 하나님뿐이십니다(출 34:10; 사 41:20, 48:6-7). 하나님 외의 모든 것은 피조물이고, 하나님 외에 신의 자리에 앉은 모든 것은 우상입니다. 창조주 하나님은 피조물의 경배를 받아 마땅합니다.

2. 하나님은 새로운 질서를 창조하셨습니다

창조 전의 세상은 혼돈하고 공허했습니다(2). 창조 전의 세상은 무질서했습니다. 하나님은 거기를 채우셨고, 거기에 질서를 불어넣으셨습니다. 하나님은 앞의 3일에는 분리하시고, 뒤의 3일에는 채우셨습니다. 하나님은 앞의 3일 동안은 혼돈된 우주를 정리하시고, 뒤의 3일 동안은 공허를 생명으로 채우셨습니다. 하나님은 첫째 날부터 셋째 날까지는 일정한 영역을 구분하는 창조를 하셨고, 넷째 날부터 여섯째 날까지는 그 영역을 다스릴 주관자를 세우는 창조를 하셨습니다. 혼돈과 공허, 무질서가 변하여 질서로 꽉 찬 새로운 세상이 되었습니다.

3. 하나님이 창조하신 세상은 아름답고 완전했습니다

하나님께서 하루에 걸친 창조를 끝내실 때마다 쓰인 표현은 '보시기에 좋았더라'입니다. 이 말씀은 본문에 7번이나(4, 10, 12, 18, 21, 25, 31) 나옵니다. 이 표현은 천지창조의 합목적성과 완전함, 아름다움을 나타냅니다(시 104:31). 이 세상은 우연의 산물이 아니라 하나님의 의지가 만들어낸 결과였습니다. 하나님의 창조목적대로 창조된 세상은 하나님이 보시기에 좋았습니다. 하나님이 보시기에 좋았던 창조는 하나님의 복 주심과 안식으로 끝났습니다. 하나님이 창조하신 세상은 아름답고 완전했습니다. 창조된 세계는 하나님의 신성이 오롯이 나타난 완전한 세계였습니다. 이보다 더 좋을 순 없었습니다.

🚪 지금 여기서 : 내 삶 속으로

1. 나는 하나님의 창조를 믿고 있습니까? 내게 하나님의 창조는 사실입니까?

2. 하나님의 창조에서 드러나는 3가지 진리는 내게 무엇을 말하고 있습니까?

3. 창조신앙을 지금의 내 삶에 어떻게 적용할 수 있을까요?

✝ 요점 정리

1. '창조'란 사건은 창조주와 피조물, 하나님과 우리 사이에 있는 질적 차이를 분명하게 계시한다. 이것을 인식하는 것이 기독교 신앙이다.
2. 하나님은 새로운 세계, 새로운 질서를 창조하셨다.
3. 하나님이 창조하신 세계는 하나님의 자기표현이었으며, 하나님의 의지로 창조된 이 세상은 완전하고 아름다웠다.

독특하고, 존귀하며, 소중한 나

본문 말씀 창세기 1:26-29, 2:4-7

본문 읽기 창세기 1:26-29, 2:4-7
새길 말씀 하나님이 자기 형상 곧 하나님의 형상대로 사람을 창조
하시되 남자와 여자를 창조하시고(창 2:7)
본문 주제 하나님의 형상이자 영(루아흐, רוח)인 사람

○ **마음 열기** 당신은 어떤 취미나 특기를 가지고 있나요?

📖 **그때 거기서 : 성경 속으로**

하나님의 창조에서 절정은 사람의 창조였습니다. 사람은 창조의 꽃
이었습니다. 창조의 중심에 사람이 있었습니다. 사람의 창조로 이 세
상은 시간 속에서 무의미하게 흘러가는 물질세계
가 아니라 하나님의 창조목적 실현이라는 분명한
방향 쪽으로 흐르는 하나의 의미가 될 수 있었습니
다. 사람은 어떤 존재일까요?

공과 인도 순서

1. 찬양하기
2. 모임기도
3. 본문읽기
4. 새길말씀
5. 마음열기
6. 말씀나눔
7. 합심기도
8. 교제시간

1. 하나님의 창조 의지가 들어간 존재입니다

다른 피조물을 창조할 때, 하나님은 "내라, 되라,
있게 하라"라고 명령하심으로써 그것들을 창조했
습니다. 그러나 사람을 창조할 때는 "우리가 하자

(1:26)"라고 상의하셨습니다. 사람의 창조는 성부와 성자, 성령 삼위 하나님께서 상의하고 결의하는 과정이 들어간 창조였습니다. 사람의 창조는 하나님의 창조 의지가 적극적으로 표현된 사건이었습니다. 사람은 독특하고, 존귀하며, 소중한 존재로 창조되었습니다.

2. 하나님의 형상과 모양을 담은 존재입니다

하나님은 당신의 형상과 모양대로 사람을 지으셨습니다(1:26-28). 모든 피조물 중에 하나님의 형상과 모양대로 창조된 존재는 오직 사람뿐이었습니다. "사람이 하나님의 형상과 모양대로 지어졌다"라는 말은 '①하나님과 교제할 수 있는 인격적 구조를 가진 유일한 피조물, ②하나님의 뜻과 목적을 드러내는 존재, ③창조주 하나님의 권위를 대신하는 대리자'로 지어졌다는 뜻이었습니다. 하나님은 사람을 모든 피조물 중에서 으뜸의 위치를 지닌 존재로 창조하셨습니다.

3. 하나님의 숨이 들어간 존재입니다

하나님은 손수 흙으로 사람을 만드시고, 그 코에 당신의 숨(생기)을 불어 넣어 사람을 '생령(living being)', 곧 '살아있는 존재(혼 נֶפֶשׁ:네페쉬)'로 창조하십니다(2:4-7). 그리고 그 사람에게 말씀하십니다. "선악을 알게 하는 나무의 열매는 먹지말라 네가 먹는 날에는 반드시 죽으리라", '영'이 우리의 인식 가운데 올 때 '말씀(אָמַר:아마르)'으로 옵니다. 그렇게 사람은 '영혼'을 가진 물질 이상의 존재가 됩니다. 영과 혼, 육이 조화를 이룬 통합체가 된 것입니다. 신성을 담은 물질, 물질 안에 담긴 신성. 이것이 사람이었습니다. 사람은 단순한 물질의 조합이 아니었습니다. 그것 이상의 존재, 곧 하나님과 인격적으로 교제하기에 진정 살아있는 존재인 영이었습니다.

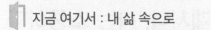

1. 모든 사람이 독특하고, 존귀하며, 소중한 존재라는 근거는 무엇입니까?

2. '사람은 하나님의 형상과 모양을 닮은 존재, 영으로서의 인간'이라는 성경의 인간관이 알려주는 내 정체성은 무엇입니까?

3. '하나님의 형상이자 영'이라는 내 정체성을 어떻게 지금의 내 삶에 적용할 수 있겠습니까?

요점 정리

1. 사람은 하나님의 창조 의지가 들어간 존재였다. 모든 사람은 독특하고, 존귀하며, 소중하다.

2. 사람은 하나님의 형상과 모양을 담은 존재로 창조되었다. 사람은 하나님과 인격적으로 교제할 구조를 가진 유일한 피조물이었다.

3. 사람은 영과 혼, 육이 조화를 이룬 통합체로서 신성을 담은 물질이자 물질 안에 담긴 신성으로 창조되었다. 하나님과 교제할 때 비로소 살아 있는 존재인 영(루아흐, רוח)으로 산다.

03 하나님이 계시니, 나는 소중하다

본문 말씀 시 139:13-18

본문 읽기 시편 139:13-18

새길 말씀 내가 주께 감사하옴은 나를 지으심이 심히 기묘하심이라 주께서 하시는 일이 기이함을 내 영혼이 잘 아나이다(시 139:14)

본문 주제 인간의 존엄함, 나란 존재의 소중함

○ **마음 열기** 나에게 소중하고 감사한 것들은 무엇이 있나요?

📖✚ 그때 거기서 : 성경 속으로

공과 인도 순서

1. 찬양하기
2. 모임기도
3. 본문읽기
4. 새길말씀
5. 마음열기
6. 말씀나눔
7. 합심기도
8. 교제시간

다윗은 선한 모습과 악한 모습을 모두 가진 사람이었습니다. 그에게는 완전히 다른 양면이 있었습니다. 다윗은 눈부신 모습만큼 어두운 그늘을 가진 사람이었습니다. 그러나 그는 결국 우리가 본받아야 할 믿음의 선조요, 하나님의 마음에 합한 사람으로 남았습니다. 다윗은 어떻게 그런 삶을 살 수 있었을까요?

1. 자신을 창조하신 하나님께 감사하고, 하나님을 찬양했습니다.

본문에는 사람에 대한 다윗의 깊은 통찰이 시로

표현되어 있습니다. 다윗은 사람인 자신이 하나님이 창조한 존재임을 자각합니다. 부모의 몸을 통해 이 세상에 태어났으나, 이 세상에 태어나기 전부터 작용한 하나님의 창조가 사람인 자신의 진정한 본질이요, 인생의 시작임을 고백합니다. 창조신앙으로 하나님께 감사하고, 하나님을 찬양합니다.

2. 하나님의 사랑과 인도에 대해 감탄했습니다

다윗은 자신을 이 세상에 존재하게 한 하나님의 창조를 '심히 기묘하심(14)'이라고 표현했습니다. 자신을 이루는 모든 부분이 하나님의 섬세한 창조가 빚어낸 결과라는 것을 아는 데서 오는 감탄이었습니다. 가슴 깊은 곳에서 터져 나오는 이 감탄 속에서 다윗은 주의 생각이 보배롭고 모래보다 많아서 그 수를 헤아릴 수 없을 정도라고 노래합니다. 자기를 향한 크고 놀라운 하나님의 사랑과 인도에 대한 진심어린 찬양이었습니다.

3. 믿음으로 자신을 소중하게 여겼습니다

다윗은 하나님이 선택하여 기름 부으신 사람이었습니다. 그러나 그는 그늘이 있는 사람이기도 했습니다. 그의 삶은 여기저기 얼룩져 있었습니다. 그의 삶이란 여정에는 많은 사람을 놀라게 하는 파렴치한 범죄도 있었습니다. 하지만 그에게는 '나는 하나님이 창조하신 사람'이라는 명확한 정체성이 있었습니다. 나는 내가 만들어낸 어떤 조건 때문에 소중하고 사랑받는 존재가 아니라, 하나님의 창조 때문에 소중하고 사랑받는 존재라는 믿음이 있었습니다. 이 믿음이 흔들리는 다윗을 붙잡아 주었고, 넘어진 다윗을 일으켜 세웠으며, 방향을 잃은 다윗이 다시 올바른 길을 걷게 했습니다. 결국 다윗을 하나님의 마음에 합한 사람으로 빚어냈습니다

지금 여기서 : 내 삶 속으로

1. 다윗의 감사와 찬양은 어디에서 나오고 있습니까?

2. 지금 '나는 소중한 존재'라는 내 판단(생각)을 받치고 있는 것은 무엇인가요? 솔직하게 나누어 봅시다.

3. 오늘 나눈 말씀을 어떻게 내 삶에 적용할 수 있을까요?

 요점 정리

1. 다윗의 신앙은 사람으로 자신을 지으신 하나님을 향한 신앙고백과 감사가 있는 창조신앙이었다.
2. 다윗의 창조신앙은 자신을 향한 하나님의 사랑과 인도하심에 대한 감탄이었다.
3. 창조신앙이 있었던 다윗은 자신을 소중하게 여겼고, 이것이 그를 하나님의 마음에 합한 사람으로 만들어냈다.

04 선을 이루고, 덕을 세우며

본문 말씀 **롬 15:1-7**

본문 읽기　로마서 15:1-7
새길 말씀　우리 각 사람이 이웃을 기쁘게 하되 선을 이루고 덕을
　　　　　　세우도록 할지니라(롬 15:2)
본문 주제　봉사와 헌신

○ **마음 열기**　인간관계 가운데서 가장 많이 참았던 적이 언제인가요?

 그때 거기서 : 성경 속으로

본문은 바울이 로마교회에 보낸 편지의 마지막 부분입니다. 당시
로마교회에는 유대교 출신 교인들과 이방인 출신 교인들 사이의 갈등
이 있었습니다. 갈등의 원인은 율법을 지킨 사람이
그렇지 못한 사람을 정죄하는 것이었고, 이는 각종
절기를 지키는 문제, 이방 신전에 드려진 고기 문
제와 같은 여러 문제로 불거졌습니다. 바울은 이
갈등을 다루기 위해 편지를 씁니다.

공과 인도 순서

1. 찬양하기
2. 모임기도
3. 본문읽기
4. 새길말씀
5. 마음열기
6. 말씀나눔
7. 합심기도
8. 교제시간

　1. 서로를 받아야 합니다(7)
　사람의 가치는 다 같습니다. 여기에 우열은 없습
니다. 그러나 사람마다 능력이 다르고, 믿음의 크

기가 다릅니다. 현실에는 분명히 강자와 약자가 존재합니다. 이런 상황에서 자기를 중심으로 상대를 바라보면 이해가 되지 않고, 판단이 일어납니다. 이 판단으로 상대를 비난하기 시작하면 갈등은 커지고, 분열이 일어납니다. 바울은 로마교회에 일어난 이런 현상을 간파합니다. 그리스도께서 우리를 십자가에서 있는 그대로 받으신 것같이 서로 받으라고 권면합니다. 자기를 중심으로 한 판단과 비난을 그치고, 서로 있는 모습 그대로 받으라는 말입니다. 그럴 때 하나님이 영광을 받으십니다.

2. 강한 사람이 약한 사람의 약점을 담당합니다

바울은 서로를 받는 첫 번째 방법으로 강한 사람이 약한 사람의 약점을 담당하라고 합니다. 하나님은 피조물인 인간의 죄(약점)를 담당하시기 위해 자기 아들을 십자가에 못 박으셨습니다. 십자가는 하나님이 인간을 있는 그대로 받으셨다는 명백한 증거입니다. 창조주의 사랑이 피조물의 약점을 채워 온전하게 하여 인간을 구원의 자격을 갖춘 의로운 존재로 만들었습니다. 바울은 이 사랑의 방식을 본받으라고 합니다. 내 눈에 보이는 상대의 약점은 비난거리가 아니라 내가 채움으로써 완성할 부분이라는 말입니다.

3. 자기를 기쁘게 하지 않고 남을 기쁘게 합니다

바울은 서로를 받는 두 번째 방법으로 남을 기쁘게 하라고 합니다. 이 말은 상대를 기쁘게 하려고 상대의 눈치를 살피고, 내 감정을 꾹 참는 식으로 관계하라는 말이 아닙니다. 이런 방식으로 관계하면 내가 병들고, 관계는 파괴됩니다. 이 말은 내 유익을 먼저 구하는 이기적인 방식으로 행동하지 말라는 말입니다. 참사랑은 자기의 유익을 구하지 않습니다(고전 13:5). 바울은 "약한 자들에게 내가 약한 자와 같이 된 것은 약한 자들을 얻고자 함이요, 내가 여러 사람에게 여러 모습이 된 것은 아무쪼록 몇 사람이라도 구원하고자 함이니(고전 9:22)"라고 했습니다. 성도가 추구하는 '선'과 '덕'은 내가 윤리, 도덕적으로 반듯한 상태만이 아닙니다. 하나님의 뜻인 영혼 구원을 목표로 삼아 자기 부인할 때 나와 너 사이에서 맺히는 성령의 열매입니다. 자기를 기쁘게 하지 않고 남을 기쁘게 하는 방식인 참사랑으로 살면 '선'을 이루고, '덕'을 이룹니다.

 지금 여기서 : 내 삶 속으로

1. 사람 사이에 갈등이 일어나는 이유는 무엇입니까?

2. 바울이 서로를 받는 방법으로 제시한 2가지는 무엇입니까?

3. 오늘 나눈 이 말씀을 내 삶에 어떻게 적용하겠습니까?

 요점 정리

1. 그리스도께서 우리를 십자가에서 있는 그대로 받으신 것같이 서로 받아라.
   : 자기를 중심으로 한 판단과 비난을 그치고, 서로 있는 모습 그대로 받아라.
2. 강한 사람이 약한 사람의 약점을 담당하라.
   : 하나님이 우리를 온전하게 하시는 사랑의 방식을 본받아라.
3. 자기를 기쁘게 하지 말고, 남을 기쁘게 하라.
   : 내 유익을 먼저 구하는 이기적인 방식으로 행동하지 말라.

05 죽은 영이 되고, 에덴을 잃다

본문 말씀 **창 3:1-24**

본문 읽기 창세기 3:1-24

새길 말씀 그러므로 한 사람으로 말미암아 죄가 세상에 들어오고 죄로 말미암아 사망이 들어왔나니 이와 같이 모든 사람이 죄를 지었으므로 사망이 모든 사람에게 이르렀느니라(롬 5:12)

본문 주제 인간의 타락

○ **마음 열기** 당신이 하나님과 가장 멀어졌을 때가 언제였나요?

📖 그때 거기서 : 성경 속으로

공과 인도 순서

1. 찬양하기
2. 모임기도
3. 본문읽기
4. 새길말씀
5. 마음열기
6. 말씀나눔
7. 합심기도
8. 교제시간

사람은 하나님이 창조하신 완전하고 아름다운 세계 속에서 독특하고, 존귀하며, 소중한 존재로 살았습니다. 사람은 영이신 하나님과 교제하는 영으로서 살아있는 존재였습니다. 그러나 어느 순간 사람은 에덴을 잃고, 죄인이 되고 맙니다. 영이 죽어버립니다. 대체 사람에게는 무슨 일이 일어났던 것일까요?

1. 사단은 사람을 유혹했습니다

하나님께 반역함으로써 타락한 천사장이 있었습니다. 바로 사단입니다. 사단은 뱀의 모양으로 아담과 하와를 찾아왔습니다. 그들이 하나님의 자리에 앉도록 유혹했습니다. 사단의 유혹은 합리적이었습니다. 그럴듯했습니다. 논리적으로 옳았습니다. 하지만 그것은 인간이 하나님의 자리에 앉게 함으로써 인간을 넘어뜨리려는 유혹이었습니다.

2. 사람은 하나님의 자리에 앉았습니다

사단의 유혹은 치명적이었습니다. 사람은 사랑이 가득 담긴 하나님의 준엄한 금지명령보다 달콤한 사단의 말이 가슴에 더 와닿았습니다. "선악을 알게 하는 나무의 열매를 먹지 말라"는 하나님의 말은 차갑게 느껴졌지만, "그 열매를 먹고 하나님처럼 되라"는 사단의 말은 달콤했습니다. 사람은 하나님의 말씀과 사단의 유혹 중에 사단의 유혹을 선택합니다. 그런데 그 선택은 그릇된 선택이었습니다. 사람이 선택한 자리는 하나님의 자리였습니다. 피조물이 절대로 앉아서는 안 되는 창조주의 자리였습니다. 이 선택은 하나님께 대한 반역이었고, 하나님의 뜻에 대한 불순종이었습니다. 인간은 타락했습니다.

3. 하나님과 단절된 인간은 죽었습니다

그릇된 선택의 결과는 비참했습니다. 사람이 하나님께 반역하고, 하나님의 뜻에 불순종한 대가는 컸습니다. 그중 가장 크고 무서운 결과는 하나님과의 관계가 파괴된 것이었습니다. 하나님과의 관계 파괴는 자신과의 관계 파괴, 타인과의 관계 파괴로 이어졌습니다. 도미노가 넘어지듯이 한순간에 모든 것이 넘어졌습니다. 하나님과 교제하는 일이 끊어진 사람은 자신의 참모습을 잃었고, 에덴을 잃었으며, 죽은 영이 되었습니다. 하나님의 말씀처럼(창 2:17) 사람은 죽고 말았습니다.

📖 지금 여기서 : 내 삶 속으로

1. 사람이 타락한 일의 핵심은 무엇입니까?

2. 피조물인 내가 창조주의 자리에 앉을 때, 우리 삶에는 어떤 일이 일어
납니까?

3. 첫 사람, 아담의 타락한 이야기는 오늘을 살아가는 내 이야기이기도
합니다. 그 일이 내게는 지금 어떻게 일어나고 있습니까?

✝ 요점 정리

1. 사단은 사람이 하나님의 자리에 앉도록 유혹했다.
2. 인간의 타락은 사단의 유혹에 넘어가 피조물이 앉아서는 안 되는 자
리인 창조주 하나님의 자리에 앉은 것이었다.
3. 인간이 하나님의 자리에 앉았을 때, 하나님과 인간의 관계는 파괴되
었다. 하나님과 교제하는 일이 끊어진 인간은 자신의 참모습을 잃었
고, 에덴을 잃었으며, 죽은 영이 되었다.

모두가 죄인, 나도 죄인

본문 말씀 잠 3:6, 사 57:17, 요 16:9, 약 4:17

본문 읽기 잠언 3:6, 이사야 57:17, 요한복음 16:9, 야고보서 4:17
새길 말씀 모든 사람이 죄를 범하였으매 하나님의 영광에 이르지
못하더니(롬 3:23)
본문 주제 죄의 보편성; 모든 사람은 죄인이다.

○ **마음 열기** 내가 고쳐야 할 습관은 무엇인가요?

 그때 거기서 : 성경 속으로

사람은 사단의 유혹을 선택하여 하나님의 자리에 앉음으로써 타락
했습니다. 에덴을 잃고, 죽은 영이 되었습니다. 죄인이 된 것입니다.

공과 인도 순서

1. 찬양하기
2. 모임기도
3. 본문읽기
4. 새길말씀
5. 마음열기
6. 말씀나눔
7. 합심기도
8. 교제시간

태초의 사람들에게 일어났던 이 일은 그 후 역사
속에 태어나는 모든 사람에게 일어나는 일이기도
합니다. 내가 죄인이란 사실과 직면하는 일은 당혹
스럽고 슬픈 일입니다. 그러나 이는 구원의 시작이
기도 합니다. 내가 죄인임을 자각하는 그 겸손한
자리에서 나를 구원하는 하나님의 일하심이 시작
되기 때문입니다. 모든 사람에게 있는 죄가 무엇인
지 알아봅시다.

1. 죄는 하나님과의 관계 파괴를 의미합니다

성경에서 죄는 윤리와 도덕 차원 이상의 상태를 설명하는 말로서 인간의 본성에 대한 통찰입니다. 죄는 법정 용어 이전에 인간의 반역으로 일어난 하나님과 인간의 관계 파괴를 설명하는 영적 용어입니다. 성경에서 죄(άμαρτία 하마르티아)의 기본 정의는 '과녁에서 빗나감'입니다. '빗나간다'란 것은 '하나님의 뜻에서 멀어져 잘못된 방향으로 가는 것, 하나님의 창조목적에서 벗어나는 것'을 뜻합니다. 인간은 타락함으로써 원래의 방향에서 빗나갔습니다. 창조목적에서 벗어난 존재가 되었습니다.

2. 죄는 다양한 모습으로 드러납니다

죄는 눈에 보이지 않습니다. 그러나 깨어서 보면 죄는 우리 삶의 모든 영역에 존재하며 인간을 얽어매는 구체적인 실체입니다. 성경은 죄의 다양한 모습을 밝히 드러냅니다. 첫째, 구원을 위해 하나님이 보내신 예수님을 믿지 않는 것이 죄입니다(요 16:9). 둘째, 범사에 믿음으로 행하지 않는 것이 죄입니다(잠 3:6). 셋째, 마음으로 불의한 것이 죄입니다(사 57:17). 넷째, 알고도 행하지 않는 것이 죄입니다(약 4:17).

3. 나는 죄인입니다

실정법을 잣대로 사용하면 사람은 전과자와 비 전과자의 두 종류로 나뉩니다. 그러나 성경을 잣대로 사용하면 하나님을 만나기 이전의 사람은 오직 죄인 한 종류뿐입니다. 모든 사람은 죄인입니다. 여기에 예외는 없습니다. 누구나 죄인입니다.

피조물인 사람은 누구나 무의식적으로 창조주의 자리에 올라앉습니다. 자기가 삶의 주인이 되어 삽니다. 죄인에겐 '나, 내 생각, 내 판단, 내 경험'이 판단과 선택의 기준입니다. 정도의 차이만 있을 뿐, 모든 사람이 이렇게 살고 있습니다. 나와 너, 우리 안에 있는 명백한 이 죄가 하나님이 창조하신 아름답고 완전한 세계를 죽음이 어슬렁거리는 세계로 만들었습니다. 아담 때부터 있던 이 죄는 지금도 이 세상을 지배하고 있습니다. 그래서 성경은 "모든 사람이 다 죄 아래 있다"라고 선언합니다(롬 3:9-18).

 지금 여기서 : 내 삶 속으로

1. 태초의 사람들에게 일어났던 일이 왜 내게 일어났던 일이 됩니까?

2. 기독교에서 말하는 죄의 정의, 본질은 무엇인가요?

3. '모든 사람은 죄인, 나는 죄인'이라는 성경이 정말로 믿어집니까?

 요점 정리

1. 죄는 하나님과의 관계가 파괴되어 하나님의 창조목적에서 벗어난 것이다.
2. 죄는 다양한 모습으로 인간의 삶에 구체적으로 나타난다.
3. 모든 사람은 죄인이다. 나도 죄인이다.

회개

본문 말씀 **시 51:1-19(삼하 12:1-15)**

본문 읽기　시편 51:1-19(사무엘하 12:1-15)
새길 말씀　하나님께서 구하시는 제사는 상한 심령이라 하나님이
　　　　　여 상하고 통회하는 마음을 주께서 멸시하지 아니하시
　　　　　리이다(시 51:17)
본문 주제　회개

○ **마음 열기**　내 삶이 확실하게 변한 경험이 있습니까? 있다면 언제인가요?

📖 그때 거기서 : 성경 속으로

본 시는 시편에 나오는 7개의 참회시 중 하나로 다윗이 지었습니다.
하나님의 마음에 합한 사람이었던 다윗은 유다를
통일하고, 이웃 나라의 정복 사업까지 마칩니다.

공과 인도 순서

1. 찬양하기
2. 모임기도
3. 본문읽기
4. 새길말씀
5. 마음열기
6. 말씀나눔
7. 합심기도
8. 교제시간

왕권은 안정되었고, 나라는 태평했습니다. 그때 다
윗은 충신 우리아를 죽이고, 그의 아내 밧세바를
빼앗아 간음죄를 짓습니다. 더 심각한 문제는 그렇
게 하고도 죄의 심각성을 몰랐다는 것입니다. 하나
님은 선지자 나단을 보내 이를 엄하게 책망하셨고,
다윗은 죄를 토하며 진심으로 회개합니다. 이 시는
이런 상황을 배경으로 쓰였습니다. 본문에서 우리

는 진정한 회개가 무엇인지를 봅니다.

1. 다윗은 회개해야 하는 죄인이었습니다

다윗은 일개 목동에서 시작해 통일왕국 이스라엘의 왕이 되었던 사람입니다. 그는 정치인으로서 탁월한 업적을 남겼습니다. 부족연합 형태로 분열되어 있던 이스라엘을 통일왕국으로 규합하였고, 이를 바탕으로 주변 국가를 정복하여 하나님이 허락하신 약속의 땅을 처음으로 완전하게 정복했습니다. 그러나 무엇보다도 그가 위대한 점은 신앙의 순수함 때문입니다. 그는 역사에 본으로 남을 신앙을 가진 사람이었습니다. 그는 하나님의 마음에 합한 사람이라는 평가를 받을 만큼 좋은 신앙인이었습니다. 그런 그가 파렴치한 죄를 저지릅니다. 더 나아가 선지자 나단이 이를 준엄하게 꾸짖을 때까지 범죄의 심각성을 알아채지 못했습니다. 다윗은 좋고 위대한 사람이었지만, 본질적으로는 그 역시 회개가 필요한 죄인이었습니다.

2. 다윗은 무엇보다도 하나님과의 관계 회복을 바랐습니다

다윗은 눈물로 참회하고, 회개합니다. 그러나 이는 단순히 도덕적 참회나 잘못에 대한 뉘우침이 아니었습니다. 자신이 하나님을 떠나 인간의 본성인 죄를 따라 살았다는 진실한 고백이었고, '깨끗한 마음을 창조하시고, 정직한 영을 새롭게(10절)' 해 달라는 간구였습니다. 다윗의 회개는 자신의 죄 때문에 끊어진 하나님과의 관계 회복을 간절히 하나님께 바람이었습니다. 회개의 핵심은 자기가 중심이 되는 후회나 뉘우침에 있지 않았습니다. 하나님과의 관계 회복을 바라며, 이를 하나님께 겸손히 바라는 일에 있었습니다.

3. 하나님은 다윗의 회개를 받으셨습니다

다윗이 저지른 범죄는 분명 파렴치한 일이었습니다. 변명의 여지가 없을 만큼 다윗의 행위는 추악했습니다. 범죄 후 그가 보인 반응 역시 매우 실망스러웠습니다. 그러나 하나님은 자신의 죄를 인정할 뿐만 아니라, 인간은 하나님의 용서가 필요한 죄인임을 진심으로 고백하며 하나님과의 관계 회복을 갈망하는 다윗의 회개를 받으셨습니다. 다윗이 눈물로 드리고, 하나님이 받으신 이 회개가 다윗을 살렸습니다. 다윗은 죄를 이겼고, 깨끗하게 되었으며, 새롭게 창조되었습니다. 그는 지금도 하나님의 마음에 합한 사람으로 우리의 가슴에서 빛납니다.

 지금 여기서 : 내 삶 속으로

1. 다윗의 회개가 말하는 사람의 본질은 무엇일까요? 하나님과 관계하지 않는 사람은 어떤 존재입니까?

2. 단순한 도덕적 참회, 잘못을 뉘우침과 기독교의 회개는 어떤 점이 다를까요?

3. 오늘 나눈 이 말씀을 지금의 내 삶에 어떻게 적용하겠습니까?

요점 정리

1. 다윗은 좋은 신앙인이었지만, 그 역시 회개해야 하는 죄인이었다.
2. 다윗의 회개는 자신이 하나님을 떠나 인간의 본성인 죄를 따라 살았다는 진실한 고백이었고, 자신의 죄 때문에 끊어진 하나님과의 관계 회복을 간절히 하나님께 바람이었다.
3. 하나님은 다윗의 회개를 받으셨고, 이 회개가 다윗을 살렸다. 다윗은 죄를 이겼고, 깨끗하게 되었으며, 새롭게 창조되었다.

08 죄를 고백합니다

본문 말씀 **눅 18:9-14**

본문 읽기	누가복음 18:9-14
새길 말씀	우리가 우리 죄를 자백하면 그는 미쁘시고 의로우사 우리 죄를 사하시며 우리를 모든 불의에서 깨끗하게 하실 것이요(요일 1:9)
본문 주제	죄를 고백함

○ **마음 열기** 내 삶이 확실하게 변한 경험이 있습니까? 있다면 언제인가요?

📖 그때 거기서 : 성경 속으로

공과 인도 순서

1. 찬양하기
2. 모임기도
3. 본문읽기
4. 새길말씀
5. 마음열기
6. 말씀나눔
7. 합심기도
8. 교제시간

본문에는 뚜렷하게 대조되는 두 부류의 사람이 나옵니다. 한 부류는 바리새인으로 대표되는 사람들로서 그들은 사회적으로나 종교적으로 인정받던 사람들이었습니다. 또 한 부류는 세리로 대표되는 사람들로서 사회적으로나 종교적으로 인정받지 못하던 사람들이었습니다. 그런데 예수님은 세간의 이런 평가와 인정을 뒤집으십니다. 세리가 더 의롭다고 하십니다. 예수님의 이 행동에는 어떤 복음의 원리가 담겨 있는 것일까요?

1. 바리새인은 자기가 의롭다고 여겼습니다

당시에 바리새인은 가장 경건하다고 인정받는 사람들이었습니다. 그들은 율법을 철저하게 지키는 자신들이 의롭다고 생각했습니다. 그들에겐 자신들이 타인들과 다르다는 우월의식과 분별의식이 있었습니다. 그랬기에 그들은 하나님 앞에서 자신의 의를 자랑하고, 율법을 지키지 못하는 사람들을 멸시했습니다. 그들에게는 자신들이 죄인이라는 의식이 전혀 없었습니다.

2. 세리는 자신을 죄인으로 인정하고, 하나님께 용서를 구했습니다

로마제국의 세금을 거두는 일을 했던 세리는 당시에 사람들이 멸시하는 부류의 사람 중 하나였습니다. 그들은 종교적으로도 정결하지 못했고, 민족적 관점에서도 떳떳하지 못했습니다. 그래서 성전에 올라온 세리는 고개조차 들지 못합니다. 그들에겐 인간의 것들로 가득한 바리새인들과는 달리 하나님이 죄인인 자신을 불쌍히 여겨주심을 간구하는 겸손한 마음만이 있을 뿐입니다.

3. 회개할 때, 진정 의로워집니다

예수님은 두 부류의 사람 중 세리를 의롭다고 하셨습니다. 세간의 인정과 평가를 뒤집으시는 것으로써 복음의 진리를 드러내십니다. 겸손한 세리를 언급하시는 것으로 세상과는 정반대인 하나님 나라의 가치관을 선포하십니다. 하나님과 관계하지 않는 사람은 누구나 죄인입니다. 여기에 예외는 없습니다. 모든 인간은 죄인입니다. 이 세상에 그 누구도 자신이 만들어낸 의로움으로 구원에 이를 존재는 없습니다. 오직 내가 죄인임을 인정하고, 예수 그리스도를 내 주로 고백할 때 생기는 의로움만이 사람을 구원합니다. 예수님은 많은 사람이 구원에서 당연히 제외되었을 거라고 여긴 뜻밖의 사람인 세리를 들어 내가 죄인임을 알고 회개할 때 하나님이 선물로 주시는 의가 구원의 유일한 조건임을 말씀하셨습니다. 내가 죄인임을 인정할 때, 우리는 이미 임했으나 발견하지 못했던 하나님의 나라를 발견합니다. 회개는 입구를 알 수 없어 들어가지 못했던 하나님의 나라에 들어가는 단 하나의 문입니다.

 지금 여기서 : 내 삶 속으로

1. 내게 보이는 바리새인의 모습에는 어떤 것이 있습니까?

2. 회개의 핵심은 무엇이라고 생각합니까?

3. '하나님의 의'를 내 삶에 어떻게 적용하고 있는지 나누어 봅시다.

 요점 정리

1. 바리새인은 자신들을 의인이라고 여기는 사람, 곧 자신이 죄인이라는 것을 모르는 사람이었다.
2. 세리는 자신이 죄인이란 것을 아는 사람, 곧 하나님이 자신을 불쌍히 여겨주시기를 바라는 겸손한 마음을 가진 사람이었다.
3. 예수님은 두 사람 중 자신이 죄인임을 인정하는 사람, 회개하는 마음을 가진 사람인 세리가 의로운 사람이라고 하셨다.

부활이요, 생명이십니다

본문 말씀 **요 11:1-44**

본문 읽기	요한복음 11:1-44
새길 말씀	이르되 주여 그러하다 주는 그리스도시오, 세상에 오시는 하나님의 아들이신 줄 내가 믿나이다(요 11:27)
본문 주제	예수님을 부활이요, 생명으로 고백함

○ **마음 열기** 몸이 가장 아팠던 때는 언제인가요?

📖 **그때 거기서 : 성경 속으로**

예수님이 행하신 표적을 중심으로 기록된 요한복음의 11장은 죽은 나사로를 살리신 예수님의 표적을 다루고 있습니다. 요한복음에서 표적의 목적은 예수님이 어떤 분이신가를 알려서 사람들이 말씀이자 생명이신 예수님을 만나 영생을 얻게 하려는 것입니다. 예수님은 병으로 죽었던 나사로를 살리심으로써 자신이 어떠한 분이신가를 드러내고 계십니다. 예수님은 어떤 분이십니까?

공과 인도 순서
1. 찬양하기
2. 모임기도
3. 본문읽기
4. 새길말씀
5. 마음열기
6. 말씀나눔
7. 합심기도
8. 교제시간

1. 사람들은 아직 예수님을 잘 모릅니다
베다니에 사는 마르다와 마리아는 예수님을 사랑했던 사람들입니다. 특히 마리아는 예수님께서

돌아가시기 엿새 전 값비싼 향유를 드려 예수님의 장례를 미리 준비
했을 만큼 예수님을 사랑하고 예수님과 가까웠습니다. 예수님도 그런
그들을 사랑하셨습니다. 그런데 마르다의 남동생이자 마리아의 오라
비인 나사로가 병에 걸리더니, 마침내 죽고 맙니다. 마르다와 마리아
는 나사로가 죽은 뒤에 오신 예수님을 보고 예수님이 일찍 오시지 못
한 것을 안타깝게 여깁니다. 예수님의 능력을 병 고침에 한정하고 있
는 것입니다. 마르다와 마리아가 보인 이 반응은 당시에 예수님과 예
수님이 일으키신 표적을 보는 사람들의 일반적인 생각이었습니다. 심
지어 마르다와 마리아조차 이 생각을 뛰어넘지 못합니다.

2. 예수님은 자신을 알리고 싶어하십니다

예수님은 자신이 사랑하시는 나사로가 병들었다는 소식을 들으셨
는데도 바로 베다니에 가서 나사로를 고치지 않으셨습니다. 시간이
급한데 오히려 계시던 곳에 이틀을 더 머무십니다(6). 그 기간에 나사
로는 죽고 맙니다. 예수님께서 이렇게 하신 까닭은 자신을 드러내시
어 하나님께 영광을 돌리기 위함이었습니다. 이 땅에 오신 말씀이자
생명이며 빛이신 예수님이 드러날 때, 이 세상은 예수님을 보고 영생
을 얻으며 하나님이 영광을 받으시기 때문이었습니다.

3. 예수님은 부활이요 생명이십니다

예수님은 예수님의 능력을 병 고침으로 제한하고, 나사로의 죽음으
로 낙담하던 마르다에게 나사로가 부활하리라고 말씀하십니다. 나사
로의 부활을 역사 끝날에 있을 부활로 생각하는 마르다에게 나사로의
부활이 지금 일어날 사건이라고 말씀하십니다. 그리고 자신을 '부활
이요, 생명(25)'이라고 계시하셨습니다. 살아서 예수님을 믿는 사람은
영원히 죽지 아니할 것이라고 하셨습니다. 이 말씀을 하신 뒤, 예수님
은 나사로를 다시 살리심으로 부활이요, 생명이신 자신을 드러내셨습

니다. 예수님의 능력을 병 고침으로만 제한하는 사람들에게 영생으로 가는 길을 가르쳐 주셨습니다.

 지금 여기서 : 내 삶 속으로

1. 나는(내 생각은) 예수님의 능력을 어떻게 제한하고 있는 것 같습니까?

2. 예수님은 하나님의 영광을 드러내시기 위해 나사로가 병들었다는 소식을 듣고도 바로 가시지 않았습니다. 내 삶에서 예수님이 자신을 드러내시기 위해 이렇게 하시는 일에는 무엇이 있을까요?

3. 오늘 나눈 이 말씀을 내 삶에 어떻게 적용하겠습니까?

 요점 정리

1. 사람들은 아직 예수님이 누구이신지 정확히 모르고 있었다. 예수님을 자기 생각에 가둔 채 이해하고 있었다.
2. 예수님이 누군지 알 때 사람들이 영생을 얻고, 하나님은 영광을 받으시기에 예수님은 자신을 드러내기를 원하셨다.
3. 예수님은 죽은 나사로를 살리심으로써 '부활이요 생명'인 자신을 드러내셨다.

아! 내 아버지!

10

본문 말씀 눅 15:11-32

본문 읽기   누가복음 15:11-32

새길 말씀   하나님이 우리를 사랑하시는 사랑을 우리가 알고 믿었
                 노니 하나님은 사랑이시라(요일 4:16a)

본문 주제   나를 기다리시는 아버지 하나님

○ **마음 열기**   부모님께 효도하지 못했던 적이 있나요?

📖✝ **그때 거기서 : 성경 속으로**

본문은 집을 나갔다가 돌아온 둘째 아들의 이야기입니다. 예수님은 집을 나간 아들과 그를 기다리는 아버지의 비유를 들어 죄인을 당신의 자녀로 받아들이는 하나님의 사랑을 말씀하셨습니다. 하나님의 품으로 돌아가는 것이 이 세상에서 가장 중요한 일이라는 메시지였습니다. 비유에 나오는 아버지의 사랑이 계시하는 하나님의 사랑은 어떤 사랑일까요?

공과 인도 순서

1. 찬양하기
2. 모임기도
3. 본문읽기
4. 새길말씀
5. 마음열기
6. 말씀나눔
7. 합심기도
8. 교제시간

1. 아버지는 아들을 조건 없이 사랑했습니다

팔레스타인의 상속법에 따르면 아버지가 죽기 전에는 상속을 요구할 수 없었습니다. 둘째 아들의

상속 요구는 "아버지, 지금 당장 돌아가십시오"란 메시지를 담은 패륜이자 무례였습니다. 아들의 행동은 비난받아 마땅한 행동이었습니다. 하지만 아버지는 아들을 꾸짖거나 벌하지 않고 아들의 요구를 들어줍니다. 아버지의 사랑은 아들의 패륜이나 무례와 상관없이 아들을 향해 있었습니다. 아들을 향해 달려가는 아버지의 사랑을 막을 수 있는 건 아무것도 없었습니다.

2. 아버지는 기다림은 변함없었습니다

둘째 아들이 집을 나간 날부터 아버지의 기다림이 시작됩니다. 아버지의 기다림은 집을 나간 둘째 아들이 자신의 죄를 깨닫고 돌아올 때까지 이어집니다. 이 기다림은 아들이 집을 나가서 돌아올 때까지 변함없었습니다. 아버지의 사랑은 둘째 아들이 돌아오는 쪽을 향해 이미 그가 돌아오기 전부터 마중을 나가 있었습니다. 집을 나간 둘째 아들을 기다리던 아버지는 둘째 아들이 돌아오자 한걸음에 나아가 아들을 끌어안습니다. 그 순간 변함없던 기다림은 조건 없는 끌어안음이 되었습니다.

3. 아버지에게 둘째 아들은 늘 아들이었습니다

둘째 아들은 자신이 아버지의 아들이 될 자격이 없다고 여기며 돌아옵니다. 그러나 아버지는 돌아온 둘째 아들에게 가장 좋은 옷과 신발을 주고 가락지를 끼워줍니다. 그리고 기쁨으로 가득한 큰 잔치를 벌입니다. 돌아온 그를 아들로 대우한 것입니다. 아버지의 마음에서 둘째 아들이 아들이 아니었던 적은 한 번도 없었습니다. 그는 집에 있을 때도 아들이었고, 집을 나가 있을 때도 아들이었으며, 모든 것을 잃고 돌아온 지금도 아들이었습니다. 아버지의 품으로 돌아온 둘째 아들은 자신의 신분을 종이 아니라 아들로 확인합니다. 오래전 아들을 낳았던 아버지는 아들이 집을 나갔다가 돌아온 이때, 또 한 번 사랑으로 아들을 낳습니다.

 지금 여기서 : 내 삶 속으로

1. 내가 가진 하나님의 이미지는 무엇입니까? 하나님은 내게 어떤 분으로 느껴집니까?

2. 나는 성경에서 말하는 하나님의 모습을 진정 믿고 있습니까?

3. 본문이 말하는 하나님을 모습을 볼 때, 지금 내가 해야 할 일은 무엇입니까?

 요점 정리

1. 둘째 아들을 향한 아버지의 사랑에는 조건이 없었다. 그 사랑은 무조건적인 사랑이었다.
2. 둘째 아들이 집을 나간 뒤부터 아버지는 아들을 기다렸다. 그리고 아들이 돌아오자 기다림은 조건 없는 끌어안음이 되었다.
3. 아버지의 마음속에서 둘째 아들의 신분은 단 한 번도 변한 일이 없었다. 둘째 아들은 집에 있을 때나 집을 나갔을 때나 언제나 아버지의 아들이었다.

11 나는 하나님의 자녀다, 하나님 나라의 상속자다

본문 말씀 요 1:12-13, 마 1:21, 갈 4:7

본문 읽기 요한복음 1:12-13, 마태복음 1:21, 갈라디아서 4:7

새길 말씀 영접하는 자 곧 그 이름을 믿는 자들에게는 하나님의
자녀가 되는 권세를 주셨으니(요 1:12)

본문 주제 거듭남의 확신 (내가 하나님의 자녀요, 하나님 나라의
상속자라는 인식)

○ **마음 열기** 누군가 당신에게 100억원을 준다면 무엇을 하겠습니까?

📖 그때 거기서 : 성경 속으로

죄인을 의인으로 만드는 것은 하나님의 사랑입니다. 하나님의 사랑
이 우리가 잃었던 하나님의 형상을 다시 찾게 합니
다. 하나님의 사랑과 기다림이 우리를 하나님의 자
녀라는 영광된 신분으로 우리를 격상시켰습니다.
구원은 사람이 선물로 받은 이 놀라운 신분 변화에
관한 이야기입니다. 이 놀라운 신분 변화의 주인공
인 하나님의 자녀는 어떤 존재입니까?

공과 인도 순서

1. 찬양하기
2. 모임기도
3. 본문읽기
4. 새길말씀
5. 마음열기
6. 말씀나눔
7. 합심기도
8. 교제시간

  1. 하나님의 자녀는 예수님을 영접하는 사람입니
다(요 1:12)

죄인이 하나님의 자녀로 거듭나는 사건을 우리는 '중생'이라고 합니다. '중생'은 예수님을 영접할 때 일어나는 사건입니다. "예수님을 영접한다"란 말은 하나님과 관계를 맺고, 하나님을 신뢰하는 일을 배우는 과정 안으로 들어선다는 말입니다. 예수 그리스도를 영접하면 사람에게는 하나님의 자녀로 새로 태어나는 본질적인 변화가 일어납니다(요 3:3-9; 벧전 1:3, 23). 중생하면 죄인이란 신분을 벗고, 하나님의 자녀란 신분을 입게 됩니다. 그리고 하나님의 자녀로 성장하는 과정 안으로 들어갑니다.

2. "예수의 이름을 믿는다"라는 것은 "예수님과 그분의 삶을 나와 관련 있는 사건으로 받아들인다"라는 말입니다(마 1:21)

구약은 자기 백성을 죄에서 구원할 존재인 메시아가 태어날 것임을 예언해 왔습니다. 예수님은 구약의 예언을 이루신 분이었습니다(마 1:21). 예수님의 탄생으로 구약에 기록된 하나님의 인간구원 약속이 역사 속의 실체가 되었습니다. "예수님의 이름을 믿는다"라는 말은 단지 역사 속에 살았던 예수님이란 사람과 그의 생애를 안다는 말이 아닙니다. 예수라는 인격과 삶 속에 담긴 하나님의 사랑과 신성, 구원의 약속을 내 생명과 관련 있는 사건으로 알고 받아들인다는 말입니다.

3. 하나님의 자녀는 하나님 나라의 상속자입니다(갈 4:7)

거듭나면 구원받습니다. 구원받으면 우리는 내 신분을 하나님의 자녀로 인식하게 됩니다. 중생하면 내가 죄의 종이 아니라 하나님의 자녀라는 것이 믿어집니다. 구원의 확신은 하나님의 자녀라는 내 신분에 대한 영원한 확신입니다.

하나님의 자녀는 하나님의 나라를 상속받습니다. 성도가 받을 유산은 영원한 하나님의 나라입니다. 하지만 중생한다고 해서 바로 유산을 받는 것은 아닙니다. 기다려야 합니다. 그 기다림은 하나님을 바라보고 고난을 통과하면서 연단 속에 머무는 성실함입니다. 고난과 연단은 만만치 않습니다. 그러나 때가 되면 마침내 하나님의 자녀는 약속된 하나님의 나라를 상속받습니다. 하나님의 자녀는 이 엄청나고 놀라운 상속의 약속을 받은 존재, 곧 하나님의 자녀입니다.

 지금 여기서 : 내 삶 속으로

1. '거듭남, 중생'은 어떤 사건입니까? 거듭나면 어떤 일이 일어납니까?

2. 나는 거듭났습니까? 그 증거와 확신이 있습니까?

3. '하나님의 자녀, 하나님 나라의 상속자'라는 내 정체성(영적 신분)을 어떻게 내 삶에 적용하며 살아보겠습니까?

 요점 정리

1. 예수님을 영접하면 중생하여 우리는 하나님의 자녀가 되고, 하나님을 신뢰하는 일을 배우는 과정 안으로 들어가게 된다.
2. "예수의 이름을 믿는다"라는 말은 "예수라는 인격과 삶 속에 담긴 하나님의 사랑과 신성, 구원의 약속을 나와 관련 있는 사건으로 알고 받아들인다"라는 말이다.
3. 하나님의 자녀는 하나님이 약속하신 영원한 하나님의 나라를 유산으로 받을 상속자다.

오직 믿음으로만

본문 말씀 **갈 3:1-27**

본문 읽기 갈라디아서 3:1-27

새길 말씀 이같이 율법이 우리를 그리스도께로 인도하는 초등교
사가 되어 우리로 하여금 믿음으로 말미암아 의롭다
함을 얻게 하려 함이라(갈 3:24)

본문 주제 하나님의 의

○ **마음 열기** 당신은 들었던 가장 황당한 거짓말은 무엇입니까?

📖✝ 그때 거기서 : 성경 속으로

기독교에서 구원은 하나님이 하신 일의 결과이지 인간이 하는 행위
의 결과가 아닙니다. 구원은 오직 하나님이 주시
는 선물로서 믿음으로 얻는 것입니다. 구원의 자격
인 의로움은 인간이 갖추는 게 아니라 하나님이 갖
춰주시는 것입니다. 기독교의 진리는 "인간은 오직
믿음으로 의롭게 된다"라는 뜻의 '이신득의, 이신칭
의'란 단어 속에 집약되어 있습니다. 이 진리가 바
로 복음입니다. 이 진리의 선포와 실천이 복음의
전파입니다. 바울이 갈라디아교회에 쓴 편지를 읽
으면서 기독교의 진리와 구원을 다시 한번 새겨보

공과 인도 순서

1. 찬양하기
2. 모임기도
3. 본문읽기
4. 새길말씀
5. 마음열기
6. 말씀나눔
7. 합심기도
8. 교제시간

겠습니다.

1. 거짓 복음은 책망받아야 합니다(1-5)

본문은 바울의 감정이 생생하게 느껴지는 강한 책망으로 시작합니다. 책망의 내용은 왜 거짓 복음을 따라갔느냐는 것입니다. 당시 갈라디아교회에는 율법의 행위로 구원을 얻는다는 가르침을 펴는 사람들이 있었습니다. 하나님의 은혜를 인간의 공로로 대체하고, 예수님의 십자가 희생을 헛되게 하는 거짓 가르침이었습니다. 예수님은 거짓 교사의 가르침을 따라가는 성도들을 강한 어조로 책망합니다. 거짓 교사들의 가르침은 단지 지식의 전달로만 끝나지 않고, 사람들을 멸망과 죽음의 길로 이끌고 가기 때문입니다. 거짓 복음은 인간을 영생의 길에서 완전히 벗어나게 합니다. 거짓 복음은 책망받아 마땅합니다.

2. 복음은 인간은 오직 믿음으로 의로워진다는 것입니다(6-18)

거짓 복음을 따르는 성도들을 책망한 바울은 이어서 아브라함을 예로 들어 참 복음을 설명합니다. 예수님은 율법의 요구를 다 이루시고 의를 이루셨습니다. 인간을 대신해서 인간이 받아야 할 죄의 형벌을 모두 받으셨습니다. 그 결과 예수 그리스도를 믿는 모든 사람에게 구원이 임했습니다. 이것이 복음입니다. 믿음으로 구원을 얻은 사람은 하나님의 자녀로 새로워져서 율법을 범하는 죄인이 아니라 의인으로서 율법을 완성하는 자가 되어야 합니다.

3. 율법은 우리를 복음으로 인도합니다(19-29)

율법은 인간에게 인간이 이루지 못할 의를 요구하고, 의를 이루지 못하는 인간에게는 벌이 있습니다. 그래서 율법은 인간을 향한 저주라고 여겨집니다. 그러나 결코 율법은 저주가 아닙니다. 바울은 율법을 초등교사에 비유하여(25) 율법이 인간이 자신의 죄를 깨닫게 하고, 복음으로 인도하는 역할을 한다고 설명합니다. 율법은 인간이 자신의 무능력을 깨닫게 함으로써 하나님이 약속하신 그리스도만을 바라보게 하는 기능을 한다는 것입니다. 여기서 인간을 구원하는 의가 나옵니다. 그런 점에서 율법도 하나님의 사랑입니다. 율법을 주신 분도 하나님이시고, 율법은 인간을 복음으로 인도하기 때문입니다.

🚪 지금 여기서 : 내 삶 속으로

1. 우리 주변에는 거짓 복음이 많습니다. 내가 들어본 거짓 복음에는 어떤 것들이 있을까요?

2. 내게 율법은 어떻게 느껴집니까? 나에게 율법은 무엇입니까?

3. "인간은 오직 믿음으로만 의로워진다(이신득의, 이신칭의)"라는 기독교의 진리를 어떻게 내 삶에 적용할 수 있을까요?

✞ 요점 정리

1. "율법을 지키는 행위와 인간의 공로로 구원받는다"라는 가르침은 거짓 복음이다.
2. 인간은 오직 하나님의 은혜와 예수님의 십자가 희생으로 구원받는다. 인간은 오직 믿음으로 의롭게 된다. 이게 복음이다.
3. 율법은 쓸모없는 것이거나 저주가 아니다. 율법 역시 하나님의 은혜로서 우리를 복음으로 인도하는 역할을 한다.

13 늘 나를 돕고, 지키고, 보호하신다

본문 말씀 **시 121:1-8**

본문 읽기 시편 121:1-8
새길 말씀 여호와께서 너를 지켜 모든 환난을 면하게 하시며 또
        네 영혼을 지키시리로다(시편 121:7)
본문 주제 하나님의 자녀가 지닌 특권

◯ **마음 열기** 당시에 힘들었지만 지나고 보니 좋은 경험이었다고 고백
한 적이 있습니까? 그 기억에 대해 나누어 보세요.

📖 그때 거기서 : 성경 속으로

중생하면 우리는 신분이 바뀝니다. 죄인에서 의인이 되고, 하나님
의 자녀가 됩니다. 그러나 중생하면 바뀌는 건 신
분만이 아닙니다. 중생하면 하나님이 나를 위해 무
슨 일을 하고 계시는지 알게 되고, 감사와 찬양으
로 넘치는 삶을 살게 됩니다. 하나님께서 당신의
자녀를 위해 하시는 일은 무엇일까요?

공과 인도 순서

1. 찬양하기
2. 모임기도
3. 본문읽기
4. 새길말씀
5. 마음열기
6. 말씀나눔
7. 합심기도
8. 교제시간

1. 당신의 자녀를 온전히 도우십니다

사람은 유한자입니다. 한계를 가진 존재입니다.
다른 말로 도움이 필요한 존재란 뜻입니다. 복 있

는 사람은 혼자서 모든 것을 다할 수 있는 사람이 아닙니다. 유한자인 자신에게 도움이 필요할 때, 자신을 도울 존재가 옆에 있는 사람입니다. 시인은 "나의 도움이 어디서 올까?"라 묻습니다. 누가 유한한 존재인 우리를 완전히 도울 수 있을까요? 하나님입니다. 하나님은 나와 내 인생을 설계하여 만드신 창조주이시기 때문입니다. 창조주 하나님만이 우리를 완전히 도우실 수 있습니다. 가장 적절한 때에 우리에게 정말 필요한 도움을 주실 수 있습니다. '나의 도움은 천지를 지으신 여호와'에게서 옵니다.

2. 당신의 자녀와 늘 함께하십니다

자연조건과 기후 탓에 가나안에서 낮의 해와 밤의 달은 생명을 위협하는 치명적인 요인 중 하나였습니다. 이 자연현상을 잘 아는 시인은 하나님을 낮의 숨 막히는 더위와 밤의 뼛속까지 시린 추위를 막아 주시는 분으로 묘사합니다. 하나님은 출애굽 한 뒤 가나안으로 행진하는 이스라엘을 낮에는 구름 기둥으로, 밤에는 불기둥으로 보호하셨습니다. 모양은 달랐지만, 종일 그들과 함께하신 것입니다. 하나님은 늘 당신의 자녀와 함께이십니다. 하나님은 늘 당신의 자녀를 보고 계십니다. 하나님의 눈길은 언제나 당신의 자녀를 따라다닙니다. 하나님의 눈길은 늘 당신의 자녀를 향해 있고, 그 바라봄은 멈춤이 없습니다.

3. 당신의 자녀를 보호하고 지키십니다

당신의 자녀와 늘 함께이신 하나님이 하시는 일은 당신의 자녀를 보호하고 지키는 일입니다. 시인은 "여호와께서 너의 출입을 지금부터 영원까지 지키시리로다"라고 노래합니다. 우리 삶의 모든 순간이 하나님의 보호 아래 있습니다. 하나님의 보호 범위는 우리가 사는 동안 발을 딛는 모든 곳입니다. 하나님의 보호는 우리 삶의 모든 일에 미칩니다. 하나님 안에 우리가 출입하는 시간과 공간인 우주가 있습니다. 그래서 하나님의 자녀는 하나님의 보호에서 벗어날 수 없습니다. 우리에게 찾아오는 환난도 궁극적으로는 우리를 성숙하게 하는 거름일 뿐입니다.

📖 지금 여기서 : 내 삶 속으로

1. 우리의 삶에서 가장 필요한 도움, 일시적이지 않은 영원한 도움은 무엇이라고 생각합니까?

2. 하나님이 늘 나와 함께하심을 믿고 있습니까? 그 증거는 무엇입니까?

3. '나를 돕고, 지키고, 보호하시는 하나님'을 어떻게 지금의 내 삶에 적용할 수 있는지 나누어 봅시다.

✝️ 요점 정리

1. 하나님은 늘 당신의 자녀에게 가장 적절한 때에 가장 필요한 도움을 주신다.
2. 하나님은 언제나 당신의 자녀와 함께하신다.
3. 하나님은 늘 당신의 자녀를 지키시고 보호하신다.

● 성결 : 영의 충만

성결은 '거룩', '정결', '성령세례', '불세례', '완전한 사랑' 등의 말로도 표현한다. 예수의 보혈과 성령세례로 원죄에서 정결하게 씻음을 받고, 하나님께 봉사하기에 현저한 능력을 주시는 은총이다. 이 은혜는 중생 후 또는 동시에 신앙으로 말미암아 받는 순간적 체험이다.

이미 성결하다. 성결하게 살라

14

본문 말씀 눅 22:39-40

본문 읽기	누가복음 22:39-40
새길 말씀	그는 죄를 범하지 아니하시고 그 입에 거짓도 없으시며 욕을 당하시되 맞대어 욕하지 아니하시고 고난을 당하시되 위협하지 아니하시고(벧전 2:22-23a)
본문 주제	하나님의 자녀라는 인식; 성결의 추구

○ **마음 열기**   어렸을 때의 꿈은 무엇입니까?

📖 그때 거기서 : 성경 속으로

신분에는 그 격에 어울리는 행동이 있습니다. 그 행동이 몸에 익을

공과 인도 순서

1. 찬양하기
2. 모임기도
3. 본문읽기
4. 새길말씀
5. 마음열기
6. 말씀나눔
7. 합심기도
8. 교제시간

수록 그 신분은 빛이 납니다. 우리의 신분은 하나님의 자녀입니다. 우리가 하나님의 자녀라는 내 신분에 걸맞은 행동을 몸에 익혀갈 때, 우리는 우리를 향한 하나님의 뜻대로 하나님의 창조목적을 실현하게 됩니다. 예수님은 하나님의 자녀로서 우리가 어떻게 자신의 신분을 인식하고 행동해야 하는지를 몸소 보여주셨습니다. 하나님의 아들이신 예수님의 삶에서 우리는 하나님의 자녀인 우리가 어떻게 우리의 신분을 인식하고 살아야 하는지를 보

게 됩니다.

1. 예수님은 성결(거룩)하셨습니다

예수님은 하나님의 본체로서 하나님의 성품을 가지신 분이었습니다. 예수님은 성결하셨습니다. 복음서와 사도행전을 보면 제자들은 예수님이 거룩하신 분임을 고백합니다. 베드로는 예수님을 '하나님의 거룩하신 자(요 6:69), 거룩하고 의로운 이(행 3:14)'라고 고백하였고, 사도들은 예수님을 '하나님께서 기름 부으신 거룩한 종 예수(행 4:27, 30)'라고 고백했으며, 요한은 예수님을 '거룩하고 진실하사 다윗의 열쇠를 가지신 이(계 3:7)'라고 선포했습니다. 예수님의 제자들만 그런 게 아닙니다. 심지어는 가버나움 회당의 귀신 들린 자도 예수님을 보고 '하나님의 거룩한 자(막 1:24; 눅 4:34)'라고 소리 질렀습니다. 예수님의 제자들이 감히 하나님께만 붙일 수 있던 '거룩하신 분'이란 호칭을 예수님께 사용한 것은 예수님이 하나님이시라는 고백이었습니다.

2. 예수님은 성결하게 사셨습니다

예수님은 하나님의 아들이라는 자신의 정체성(신분)대로 성결하게 사셨습니다. 예수님이 돌아가실 때 백부장은 일어난 일을 보고 "이 사람은 정녕 의인이었다(눅23:47)"라고 고백하며 하나님께 영광을 돌립니다. 베드로는 로마제국으로부터 박해받는 그리스도인들에게 예수님을 '오직 흠 없고 점 없는 어린 양 같은 그리스도(벧전 1:19)'로 소개하며, "그는 죄를 범하지 아니하시고 그 입에 거짓도 없으시며 욕을 당하시되 맞대어 욕하지 아니하시고 고난을 당하시되 위협하지 아니하시고 오직 공의로 심판하시는 이에게 부탁하셨다(벧전 2:22-23)"라고 말합니다. 예수님은 자기 안에 있는 하나님의 성품대로 성결하게 사신 분이었습니다.

3. 예수님은 하나님과 깊고 친밀한 사귐을 나누셨습니다

예수님이 하나님의 아들이란 자신의 정체성대로 성결한 삶을 사실 수 있었던 까닭은 늘 아버지 하나님과 교제하셨기 때문입니다. 예수님은 기도하는 삶을 사셨습니다(마 14:23; 막 6:40; 눅 6:12, 22:39-40). 기도는 예수님 삶의 중심에 자리한 습관이었습니다. 그러나 예수님의 기도하는 습관은 종교 행위의 단순한 반복이 아니라 거룩하신 하나님과 나누는 깊고 친밀한 사귐이었습니다. 이 친밀한 사귐에서 배우는 하나님의 성품은 곧 예수님의 성품이 되었습니다.

 지금 여기서 : 내 삶 속으로

1. "하나님의 자녀는 앞으로 성결해져야 하는 존재가 아니라 이미 성결한 존재다"란 말은 어떤 뜻일지 나누어 봅시다.
2. 이미 성결한 존재로서 그 신분에 어울리게 성결한 삶을 살려는 우리에게 가장 필요한 일은 무엇입니까?
3. 오늘 나눈 말씀을 내 삶에 적용하려면 내게는 어떤 결단이 필요한지요?

요점 정리

1. 하나님의 아들이신 예수님은 성결(거룩)한 분이셨다.
2. 예수님은 하나님의 아들이란 자신의 정체성(신분)대로 성결한 삶을 사셨다.
3. 예수님이 성결한 삶을 사실 수 있었던 것은 아버지 하나님과 나누는 깊고 친밀한 사귐이 있었기 때문이었다. 이 친밀한 사귐에서 배우는 하나님의 성품(거룩)은 예수님의 성품이 되었다.

15 선물이고, 명령이며

본문 말씀 레 11:44-45, 19:2; 고전 6:11; 딤전 4:5

본문 읽기   레 11:44-45, 19:2; 고전 6:11; 딤전 4:5
새길 말씀   내가 거룩하니 너희도 거룩할지어다(레 11:45)
본문 주제   하나님의 선물이자 명령인 '성결'

○ 마음 열기   당신이 받은 선물 중 가장 감동한 선물은 무엇이었나요?

📖 그때 거기서 : 성경 속으로

우리는 자신의 힘과 노력으로 성결해져서 하나님의 자녀가 되는 게 아닙니다. 우리는 예수님이 십자가에서 우리를 위해 하신 일을 인격적으로 받아들임으로써 하나님의 자녀가 됩니다. 우리가 성결한 삶을 추구하는 이유는 하나님의 자녀가 되기 위해서가 아닙니다. 하나님의 은혜로 중생하여 하나님의 자녀라는 신분이 되었기에 내가 받은 이 놀라운 은혜에 대한 감격과 감사 속에서 그 신분에 어울리는 성결한 삶을 살려는 것입니다. 하나님의 자녀인 우리는 성결을 추구해야 합니다. 성결은 무엇입니까?

공과 인도 순서

1. 찬양하기
2. 모임기도
3. 본문읽기
4. 새길말씀
5. 마음열기
6. 말씀나눔
7. 합심기도
8. 교제시간

1. 성결(거룩)은 하나님의 성품입니다

'거룩'은 구약에서 하나님을 소개할 때 자주 사용되

는 단어입니다. '거룩'으로 번역되는 히브리어 '코데쉬(קֹדֶשׁ)'는 모든 죄악과 부정한 것에서 구별되어 분리된 상태를 가리킵니다. 하나님은 거룩하십니다. 하나님의 이 성품과 속성은 하나님께 속한 물건, 시간, 장소나 사람들에게까지 확대되어 적용됩니다. 거룩하신 하나님과 관련된 모든 것은 거룩하신 하나님의 성품에 따라 거룩해야 합니다.

2. 성결은 성도에게 주시는 명령이자 선물입니다

하나님은 "내가 거룩하니 너희도 거룩하라"고 명령하십니다. 거룩하신 하나님과 교제하려면 반드시 거룩한 백성이 되어야 합니다. 성결은 성도에게 내려지는 하나님의 명령이고, 성도를 향한 하나님의 바람입니다(레 11:44-45, 19:2; 마 5:48; 살전 4:3; 벧전 1:15-16). 또한 성결은 하나님이 성도에게 주시는 선물입니다. 성결은 '중생한 이후 믿음으로 말미암아 순간적으로 이루어지는 성령세례'입니다. 성결은 구원과 마찬가지로 자신의 노력이나 공로로 성취하는 상태가 아니라, 하나님이 은혜로 주시는 선물입니다.

3. 말씀과 기도로 우리는 더욱 성결해집니다

하나님께 선물로 받은 성결을 유지하기 위해서 성도는 성결 체험 이후 계속 성장해야 합니다. 성장하는 방법은 말씀과 기도입니다(딤전 4:4-5). 성도는 말씀 묵상과 기도로써 하나님과의 친밀한 영적 교제를 나누며, 하나님이 기뻐하시는 삶을 목표로 살아야 합니다. 말씀과 기도는 우리가 성결을 유지하고, 계속 자라가게 하는 필수 요건입니다. "말씀과 기도로써 성결하게 산다, 계속 자라간다"라는 말의 핵심은 열성적인 종교 행위나 윤리, 도덕의 추구에 있지 않습니다. 내 삶의 모든 영역을 하나님의 주권 아래 두는 일에 있습니다. 내 삶의 모든 영역이 하나님의 통치 아래 있을 때, 나와 내 주변의 모든 것이 성결하여집니다. 창조주 하나님의 거룩한 성품과 속성이 자기가 있어야 할 겸손한 자리를 지키는 피조물을 통해 드러나기 때문입니다.

 지금 여기서 : 내 삶 속으로

1. '성결'은 왜 하나님의 선물이자 명령일까요?

2. '성결'과 윤리(도덕)의 차이는 무엇일까요?

3. 말씀 묵상과 기도의 실천을 결단하고, 내 삶에서 어떻게 말씀 묵상과
   기도를 실천할 것인지 구체적으로 나누어 봅시다.

요점 정리

1. 성결(거룩)은 우리 아버지 하나님의 성품이다.
2. 성결은 하나님이 주시는 선물이자, 하나님의 자녀에게 주어진 명령
   이다.
3. 하나님의 자녀는 말씀과 기도로 성결을 추구해야 한다.

먼저 안을 깨끗하게

16

본문 말씀 **마 23:1-28; 눅 11:37-44**

본문 읽기   마태복음 23:1-28; 누가복음 11:37-44

새길 말씀   하나님을 가까이하라 그리하면 너희를 가까이하시라.
죄인들아 손을 깨끗이 하라. 두 마음을 품은 자들아 마
음을 성결하게 하라(약 4:8)

본문 주제   성결 : 동기를 점검함

○ **마음 열기**   1년에 대청소를 몇 번 하시나요?

📖 그때 거기서 : 성경 속으로

공과 인도 순서

1. 찬양하기
2. 모임기도
3. 본문읽기
4. 새길말씀
5. 마음열기
6. 말씀나눔
7. 합심기도
8. 교제시간

본문은 예수님이 서기관과 바리새인을 준엄하게 책망하시는 말씀입니다. 성경을 보면 예수님은 그 누구에게도 이처럼 준엄하게 책망하신 일이 없습니다. 그만큼 그들은 하나님의 뜻에서 멀어져 있었습니다. 본문에서 반복하여 나오는 "화 있을진저!(참으로 안타깝구나)"라는 예수님의 분노와 탄식은 그들의 위선을 정조준하고 있습니다. 예수님을 그토록 분노하게 하고 탄식하게 했던 그들의 위선은 무엇이었을까요?

1. 말은 잘하나 행하지 않았습니다

서기관들과 바리새인들은 율법을 해석하고 가르치는 교사였습니다. 그들에게는 자신들이 하나님의 뜻을 담은 율법을 가장 잘 안다는 자부심이 있었고, 다른 사람들 역시 그들을 그런 사람들이라 여겼습니다. 그러나 정작 그들은 하나님의 뜻에서 벗어나 있었습니다. 그래서 예수님은 그들이 말하는 계명은 모두 옳은 것이니 지키되 그들의 행위는 본받지 말라고 경고하십니다. 그들을 말만 하고 행하지 않는 사람들이라고 말씀하십니다.

2. 하나님이 아니라 사람에게 보이려고 했습니다

서기관과 바리새인들의 말과 행동이 일치하지 않았던 까닭은 그들의 행함이 사람들에게 보이기 위한 것이었기 때문입니다. 그들이 철저하게 지키는 종교적 관습과 그들의 눈에 띄는 겉모습은 "나는 정결하지 못한 이방인들과 구별된 삶을 살고 있다. 나는 옳고, 너희는 틀렸다. 나는 깨끗하고, 너희는 부정하다"라는 판단, 거기서 생긴 영적 우월감이 만들어내는 표현들이었습니다. 그들은 율법을 형식으로는 철저하게 지키고 있었습니다. 그러나 죄로부터 자신을 구별함으로써 타인을 사랑하라는 율법의 참 정신과 내용에서는 멀어져 있었습니다. 예수님은 그들을 안이 지저분한 그릇, 회칠한 무덤에 비유하셨습니다. 겉은 깨끗해 보이나 속은 탐욕과 방탕, 외식과 불법으로 가득 차 있다고 책망하셨습니다.

3. 예수님은 안을 깨끗이 하라고 하셨습니다

서기관들과 바리새인은 자신이 성결하다고 자처하는 사람들을 대표합니다. 그들은 성결을 하나님이 주신 선물이 아니라 자신이 엄격하고 철저한 율법 준수로써 성취한 구원의 조건으로 여기는 교만한 사람들이었습니다. 그런 그들에게 예수님은 "먼저 안을 깨끗하게 하라"고 말씀하십니다. 율법의 실천과 종교 행위의 동기를 점검하라는 요청입니다. 예수님은 성결의 원천이 하나님께 있음을 기억하고, 하나님과 연결되는 삶을 살려고 노력함으로써 죄로부터 분리되라고 하셨습니다. 그래서 네가 하는 모든 행위에 하나님 사랑과 이웃 사랑이라는 두 개의 가치를 균형 있게 담으라고 하십니다. 성결은 내 삶의 모든 영역이 하나님의 통치 아래 있기를 바라는 겸손한 태도로 살아갈 때, 하나님이 그를 통해 드러내시는 하나님의 성품이자 속성이기 때문이었습니다.

📖 지금 여기서 : 내 삶 속으로

1. '위선'은 어디에서 나온다고 생각합니까?
2. 내게서는 서기관과 바리새인의 어떤 모습이 보입니까?
3. "먼저 안을 깨끗하게 하라"는 예수님의 말을 어떻게 실천하시겠습니까?

✝ 요점 정리

1. 예수님은 바리새인들이 말하는 계명은 지키되 그들의 행위는 본받지 말라고 하셨다. 그들은 위선적이었기 때문이다.
2. 예수님이 바리새인들을 본받지 말라고 하신 이유는 그들이 행동이 죄로부터 구별되어 타인을 사랑하라는 율법의 참 정신과 내용에서 벗어나 있었기 때문이었다.
3. 예수님은 율법의 실천과 종교 행위의 동기를 점검함으로써 위선에서 벗어나 성결한 삶을 살라고 하셨다.

하나님의 말씀대로 살다

본문 말씀 잠 15:5; 히 4:12-13; 요일 5:1-3

본문 읽기 잠언 15:5; 히브리서 4:12-13; 요한일서 5:1-3
새길 말씀 아비의 훈계를 업신여기는 자는 미련한 자요 경계를 받
        는 자는 슬기를 얻을 자니라(잠 15:5)
본문 주제 말씀대로 살아감

○ 마음 열기   작심삼일로 끝난 것이 있다면 무엇인가요?

📖 그때 거기서 : 성경 속으로

하나님의 사랑은 타락한 사람을 당신의 자녀로 새롭게 낳으셨습니
다. 예수 그리스도의 죽음은 사람의 죄를 깨끗하게 하셨습니다. 예수
님의 희생은 죄인을 의인으로 바꾸셨습니다. 하나
님의 거룩은 당신의 자녀를 거룩하게 하셨습니다.
그러므로 중생한 존재인 하나님의 자녀는 온전한
성결을 목표로 날마다 자라갑니다. 오늘은 하나님
의 자녀인 우리가 어떻게 온전한 성결을 목표로 자
라갈 수 있는지 생각해 봅니다.

공과 인도 순서

1. **찬양하기**
2. **모임기도**
3. **본문읽기**
4. **새길말씀**
5. **마음열기**
6. **말씀나눔**
7. **합심기도**
8. **교제시간**

1. 하나님의 자녀는 아버지를 존중함으로써 지혜
를 얻습니다(잠 15:5)

인생에서 가장 중요한 자산은 지혜입니다. 잠언은 이 지혜를 다루는 성경입니다. 지혜가 있는 사람의 삶과 없는 사람의 삶은 너무도 다릅니다. 잠언은 지혜를 가진 존재인 의인과 그렇지 못한 존재인 악인의 삶을 대조하며 지혜의 중요함을 강조합니다. 이런 잠언서에서 가장 중요하게 여기는 것이 하나님과의 관계입니다. 지혜는 명상이나 탐구, 학업의 결과가 아닙니다. 하나님과 교제하는 데서 배우는 삶의 태도입니다. 하나님의 자녀는 아버지 하나님을 경외하고 존중함으로써 인생에서 가장 중요한 자산인 지혜를 익힙니다. 그럼으로써 값진 인생을 살아갑니다.

2. 하나님의 말씀을 묵상할 때, 하나님과 깊이 교제합니다(히 4:12-13)

하나님과 친밀한 관계를 유지하는 방법은 하나님의 말씀을 묵상하는 일입니다. 묵상은 글공부가 아니라 하나님과 나누는 친밀한 교제이기 때문입니다. 히브리서 4:12-13은 살아있는 하나님의 말씀에 관해 이야기합니다. 하나님의 말씀도 말과 글로 되어 있으나 하나님의 말씀은 단지 언어가 아닙니다. 하나님의 말씀은 살아있습니다. 하나님의 말씀은 생명을 낳는 생명입니다. 하나님의 말씀은 살아계신 하나님의 능력이 드러나는 통로입니다. 그래서 하나님의 말씀을 묵상할 때, 사람은 하나님과 깊이 교제합니다.

3. 하나님의 계명을 지킴으로써 하나님을 사랑합니다(요일 5:1-3)

중생한 존재는 하나님의 자녀입니다. 하나님은 자기 아들의 죽음으로써 십자가에서 우리를 하나님의 자녀로 낳으셨습니다. 하나님의 자녀인 성도는 놀라운 하나님의 사랑을 입은 존재입니다. 그래서 하나님의 자녀는 하나님을 사랑합니다. 어떻게 사랑합니까? 하나님의 계명을 지키는 것으로써 사랑합니다. 계명은 하나님의 자녀가 자녀답게 살아가는 법입니다. 계명에는 "내 자녀야, 나는 네가 이렇게 됐으면

좋겠다. 내가 도울 테니 계속 이 수준까지 할 수 있도록 도전해 봐!"라고 말씀하시는 하나님의 음성이 들어 있습니다. 계명은 간섭이나 짐이 아닙니다. 계명은 돌보심과 응원입니다. 중생하면 우리는 이것을 알게 됩니다. 그래서 하나님의 자녀는 하나님을 지킴으로써 내 아버지 하나님을 사랑합니다.

📖 지금 여기서 : 내 삶 속으로

1. 하나님과 깊이 교제할 때 내 삶에는 어떤 일이 일어납니까?

2. 하나님과 깊이 교제하기 위해 나는 어떻게 해야 합니까?

3. 하나님의 계명은 무엇입니까? 지금 내게 하나님의 계명은 어떻게 느껴지고 있습니까?

✝️ 요점 정리

1. 하나님의 자녀는 아버지 하나님과 친밀한 교제를 나눔으로써 인생에서 가장 중요한 자산인 지혜를 배운다.
2. 하나님의 자녀는 하나님의 말씀을 묵상함으로써 하나님과 친밀하게 교제한다.
3. 하나님의 자녀는 계명을 지킴으로써 내 아버지 하나님을 사랑한다.

우리 가족을 구원하소서

18

본문 말씀 **행 10:1-48**

본문 읽기	사도행전 10:1-48
새길 말씀	이르되 주 예수를 믿으라 그리하면 너와 네 집이 구원을 받으리라 하고(행 16:31)
본문 주제	가족의 구원

○ **마음 열기** 가족 중 가장 사랑하는 사람과 미워하는 사람은 누구인가요?

📖✝ **그때 거기서 : 성경 속으로**

본문은 이방인 고넬료 가정이 구원받은 이야기입니다. 당시 유대인들은 이방인에게는 구원이 없다고 생각했습니다. 성령을 받은 예수님의 제자들도 구원은 유대인에게만 일어나는 사건으로 여겼습니다. 그러나 본문은 하나님께서 유대인과 이방인을 차별하지 않으시고 구원하심을 보여줍니다. 하나님의 사랑과 은혜는 이제 유대인의 울타리를 넘어 이방인과 그 가정에까지 미치고 있습니다.

공과 인도 순서

1. 찬양하기
2. 모임기도
3. 본문읽기
4. 새길말씀
5. 마음열기
6. 말씀나눔
7. 합심기도
8. 교제시간

1. 하나님이 사람에게 주시는 최고의 선물은 구원입니다

구원은 노예 상태로부터의 해방, 위험에 빠진 사람이나 나라를 구해주는 행위를 뜻합니다. 사람은 스스로 창조주의 자리에 앉음으로써 죄의 노예가 되었습니다. 자기의 힘으로는 결코 나올 수 없는 죽음이라는 늪에 빠졌습니다. 하나님은 이런 인간을 사랑하셨습니다. 자기 아들의 죽음이란 대가를 치르고 우리를 죄의 노예 상태에서 해방하셨습니다. 당신의 강한 팔로 인간을 영원한 심판과 멸망이라는 늪에서 건져내셨습니다. 하나님은 인간에게 많은 것을 주십니다. 그러나 하나님이 주시는 최고의 선물은 구원입니다. 어떤 조건과 대가 없이 거저 주시는 은혜입니다.

2. 고넬료는 경건하고 겸손했습니다

가이사랴는 베드로와 빌립, 사도 바울이 복음을 전파했던 도시로 교통의 요지였으며 상업의 중심지였습니다. 원래 유대 땅이었지만 당시에는 로마의 식민지가 되어 백부장인 고넬료의 관할 아래에 있었습니다. 고넬료는 이방인이었으나 가이사랴에 살면서 하나님을 알게 되고, 율법을 듣게 됩니다. 이스라엘의 하나님을 경외하고 율법에 따라 구제와 기도 생활에 힘썼습니다. 구원받을 준비가 되어 있었습니다.

3. 고넬료 가정은 구원받음으로써 참 행복한 가정이 됩니다

고넬료는 대제국 로마의 관리였기에 그의 가정에는 부와 권력이 있었습니다. 거기에 가장인 고넬료의 경건함과 종교적인 집안 분위기, 주변 사람들의 좋은 평판까지 더해져 있었습니다. 고넬료의 가정은 부족한 것이 없는 가정이었습니다. 그러나 고넬료의 가정에는 가장 중요한 것인 구원이 없었습니다. 하나님은 그런 고넬료 가정에 베드로를 보내십니다. 머뭇거리는 베드로를 환상으로 설득하여 보내시고, 베드로가 설교할 때 성령을 부어주십니다. 최고의 선물인 구원을 주신 것입니다. 이제 고넬료의 가정은 정말 부족한 것이 없는 행복한 가정이 되었습니다.

 지금 여기서 : 내 삶 속으로

1. 구원은 왜 우리 가족에게 있어야 할 것 중에서 가장 중요한 것입니까?

2. 내 가족 중 구원받아야 할 가족은 누구입니까?

3. 아직 구원받지 못한 가족의 구원을 위해 어떻게 하시겠습니까? 서로 지혜를 나누어 봅시다.

 요점 정리

1. 하나님이 사람에게 주시는 최고의 선물은 구원이다.
2. 고넬료는 경건하고 겸손했다. 구원의 준비가 되어 있었다.
3. 가장 중요한 것인 구원을 받음으로써 고넬료의 가정은 정말 부족한 것이 없는 행복한 가정이 되었다.

너는 여호와께 복을 받은 자니라

19

본문 말씀 **창 26:12-33**

본문 읽기 창세기 26:12-33

새길 말씀 너는 우리를 해하지 말라. 이는 우리가 너를 범하지 아
니하고 선한 일만 네게 행하여 네가 평안히 가게 하였
음이니라. 이제 너는 여호와께 복을 받은 자니라(창세
기 26:29)

본문 주제 구원받은 가정의 복

○ **마음 열기** 하나님께 받은 복이 있다면 얘기해주세요.

 그때 거기서 : 성경 속으로

공과 인도 순서

1. 찬양하기
2. 모임기도
3. 본문읽기
4. 새길말씀
5. 마음열기
6. 말씀나눔
7. 합심기도
8. 교제시간

　가정은 행복의 기초이자 행복이 시작되는 지점
입니다. 화목하고 든든한 가정을 가진 사람은 행복
의 조건을 거의 갖추었다고 해도 과언이 아닙니다.
거기다가 하나님의 은혜로 구원을 얻은 가정은 행
복의 조건을 다 갖추게 됩니다. 어떻게 구원을 얻
은 가정은 행복의 조건을 갖추게 될까요?

　1. 하나님은 이삭에게 복을 주셨습니다
　가뭄이 와서 블레셋으로 옮겨 농사를 지은 이삭

은 같은 조건에서 농사한 블레셋 사람들과는 달리 풍성한 소출을 얻습니다. 이삭이 특별한 영농법을 가져서가 아니라 하나님께서 복을 주셨기 때문이었습니다. 가축의 수가 늘고 노복도 늘었는데, 이것 역시 하나님께서 복을 주신 결과였습니다. 하나님께서 이삭에게 복을 주셨다는 사실은 이삭이 파는 우물마다 물이 솟아난 일로도 증명됩니다. 물이 귀했던 가나안에서 우물은 전쟁하는 이유가 될 만큼 중요한 자원이었습니다. 하나님께서 이삭에게 우물을 끊임없이 주신 것은 하나님께서 그에게 복을 주신다는 확실한 증거였습니다.

2. 아브라함의 신앙을 이어받은 이삭은 하나님만 의지했습니다

이방인 이삭이 누리는 번영은 거주민인 블레셋 사람들을 자극했습니다. 자신들의 것을 이삭이 가로챘다는 생각에 화가 난 블레셋 사람들은 이삭이 판 우물을 빼앗고, 이삭을 쫓아냅니다. 그러나 이삭은 연이은 블레셋 사람들의 횡포에도 하나님께 기도할 뿐 대응하지 않았습니다. 그들의 횡포에 전쟁이 아니라 평화로 반응했습니다. 아버지 아브라함의 하나님을 믿었기 때문입니다. 이삭은 아버지 아브라함과 함께 보낸 시절을 기억하고 있었습니다. 이삭은 아버지 아브라함이 미지의 땅 가나안에 와서 이방인으로 살며 믿음으로 하나님을 따르고 섬겼을 때, 하나님이 주셨던 보호와 복을 경험했던 사람이었습니다. 이삭은 아버지 아브라함의 신앙을 이어받아 하나님이 자신을 보호하실 것을 확신하고, 하나님을 의지했습니다.

3. 하나님은 이삭과 함께하셨습니다

하나님은 자신을 신뢰한 이삭을 기뻐하셨습니다. 그에게 나타나 아버지 아브라함과 맺은 약속(17:7)이 변함없음을 확인해 주셨습니다. 그러자 이삭은 아버지 아브라함이 그랬던 것처럼 단을 쌓고 하나님께 감사 제사를 드립니다. 자신과 함께하시는 하나님을 찬양한 것입니다. 이것을 지켜본 블레셋 사람들은 살아계신 하나님이 이삭과 함께 하시는 것을 분명히 알게 됩니다. 이삭에게 무릎을 꿇고 용서를 구하며 화친을 제의합니다.

 지금 여기서 : 내 삶 속으로

1. "이삭이 아브라함의 신앙을 이어받았다"라는 말은 어떤 뜻입니까?

2. 하나님이 나와 함께하신 경험을 나누어 봅시다.

3. 내 삶에서 지금 어떻게 하나님을 신뢰하시렵니까?

 요점 정리

1. 하나님은 이삭에게 복을 주셨다.
2. 이삭은 아버지 아브라함의 신앙을 이어받아 하나님이 자신을 보호하실 것을 확신하고, 하나님을 의지했다.
3. 이삭의 이웃도 인정할 만큼 하나님은 자신을 신뢰한 이삭과 함께하셨다.

20 천국 같은 가정이 되려면

본문 말씀 골 3:12-17

본문 읽기	골로새서 3:12-17
새길 말씀	누가 누구에게 불만이 있거든 서로 용납하라. 피차 용서하되 주께서 너희를 용서하신 것 같이 너희도 그리하고 이 모든 것 위에 사랑을 더하라. 이는 온전하게 매는 띠니라(골 3:13-14)
본문 주제	천국 같은 가정을 만드는 지혜

○ 마음 열기　사랑이 무엇이라고 생각하시나요?

 그때 거기서 : 성경 속으로

공과 인도 순서

1. 찬양하기
2. 모임기도
3. 본문읽기
4. 새길말씀
5. 마음열기
6. 말씀나눔
7. 합심기도
8. 교제시간

가정은 지상에 임한 작은 천국으로서 하나님이 주신 선물입니다. 가정은 우리가 행복을 경험하는 최초의 관계요, 우리가 만나는 첫 번째 공동체입니다. 그러나 가정은 우리에게 가장 큰 상처를 주는 관계요, 공동체이기도 한 것이 현실입니다. 다수의 가정이 크고 작은 갈등과 상처 안에서 고통받고 있습니다. 본문은 바울이 성도가 취해야 할 새로운 성품과 태도를 말하는 부분입니다. 여기서 우리 가정을 치유하고 지킬 지혜를 알아봅시다.

1. 용납하고, 사랑하십시오

가정은 유전적으로나 문화적으로나 닮은 것이 많은 사람이 이룬 공동체입니다. 그렇더라도 가족 구성원 안에는 나와는 이질적인 구성원이 존재합니다. 더 나아가 완전히 다른 구성원이 있기도 합니다. 가정 안에서 우리가 해야 할 첫 번째 일은 서로 용납하고, 사랑하는 일입니다. 하나님은 당신의 가족인 우리를 상대로 이런 일을 하셨습니다. 우리는 하나님이 하셨듯이 가족을 있는 모습 그대로 받아들여야 합니다. 그의 단점이나 허물을 우리 가정을 해치는 문제가 아니라 우리 가족 전체가 도와서 극복할 과제로 바라봐야 합니다. 가정은 하나님이 당신의 가족인 우리에게 먼저 행하신 사랑을 연습하는 무대입니다.

2. 한 몸으로 존재하며 평안을 이루십시오

'그리스도의 평강'은 평강 자체이신 예수님이 성도에게 주시는 것으로서 기독교 신앙의 목표입니다. 기독교의 평강은 문제에서 저만치 벗어나거나 정신을 수양할 때 오는 심리상태가 아닙니다. 기독교의 평강은 한 몸으로 존재하면서 갈등이 생겼을 때 그리스도의 사랑으로 상대를 끌어안는 고난을 받음으로써 나란 존재가 커진 결과인 성숙함입니다. 또 그가 나와 한 몸을 이루는 지체 중 하나란 사실에 감사할 수 있을 때 내 안에 가득해지는 평화입니다. 우리 가족은 비록 갈등 가운데 있으나 한 몸이라는 것을 인식하고, 그 안에서 평안을 이루어 가십시오.

3. 하나님을 힘입으십시오

바울이 말하는 새로운 성품과 거기서 나오는 삶의 태도는 사람의 이기적이고 연약한 본성으로는 할 수 없는 일입니다. 바울이 권면한 일은 사람의 힘만으로는 결코 이룰 수 없습니다. 이 일을 하려면 하나님에게서 힘을 얻어야 합니다. "하나님을 힘입는다"라는 말은 성령충만한 삶을 가리킵니다. 하나님께 내가 우리 가정을 치유하고 건강한 가정으로 세워가는 일에 하나님이 쓰시는 사람이 되게 해 달라고 기도하십시오. 성령충만을 간절하게 구하십시오. 하나님이 크고 작은 갈등 안에 있는 우리 가정을 치유하고 회복하는 일에 나를 쓰십니다.

지금 여기서 : 내 삶 속으로

1. '가정은 행복을 경험하는 최초의 관계요, 공동체이면서 가장 큰 상처를 주는 관계요 공동체라'는 말을 이해합니까? 주변의 예를 들어 말해 봅시다.

2. 본문에 나오는 교훈을 우리 가정에 적용하려 할 때, 바탕이 되어야 하는 것은 무엇이라고 생각합니까?

3. 오늘 나눈 말씀을 우리 가정에 어떻게 적용할지 나누어 봅시다.

요점 정리

1. 천국 같은 가정을 만들려면 서로 용서하고 사랑해야 한다.
2. 천국 같은 가정을 만들려면 한 몸으로 존재하며 평안을 이루어야 한다.
3. 천국 같은 가정을 만들려면 성령충만해야 한다.

이렇게 섬기렵니다

21

본문 말씀 **살전 5:14-15**

본문 읽기	데살로니가전서 5:14-15
새길 말씀	또 형제들아 너희를 권면하노니 게으른 자들을 권계하며 마음이 약한 자들을 격려하고 힘이 없는 자들을 붙들어 주며 모든 사람에게 오래 참으라(살전 5:14)
본문 주제	서로를 섬김

○ **마음 열기**   화난 일이 생겼는데도 참아 본 경험은 무엇인가요?

📖 그때 거기서 : 성경 속으로

본문은 데살로니가교회에 바울이 보낸 편지입니다. 바울은 주님의 재림이 임박했으나 언제 일어날지는 모른다고 합니다. 그러니 깨어있으면서 중생한 하나님의 자녀들답게 살아야 한다고 권면합니다. 본문은 그 권면 중 하나입니다. 본문에서 하나님의 자녀들인 우리가 어떻게 성결한 삶을 살 수 있는지를 살펴보겠습니다.

공과 인도 순서

1. 찬양하기
2. 모임기도
3. 본문읽기
4. 새길말씀
5. 마음열기
6. 말씀나눔
7. 합심기도
8. 교제시간

1. 이웃을 섬깁니다

14절에는 세 종류의 사람과 그들을 돌보는 방법

이 나옵니다. 첫째, '게으른 자들'입니다. '게으른'으로 번역된 헬라어 '아탁토스(ἀτάκτως)'는 군사 용어로 낙오한 병사를 뜻합니다. 이들은 훈련받지 못한 병사로서 대열을 흐트러뜨리는 사람을 일컫는 말입니다. 바울은 자기에게 주어진 일을 하지 않고 남의 신세를 지며 사는 게으른 자들은 권계(충고)로 섬기라고 권면합니다. 둘째, '마음이 약한 자들'입니다. 이들은 가족과 동료 등의 죽음으로 슬퍼하는 자들이나 어려운 사정으로 낙심하고 있는 사람들을 가리킵니다. 바울은 이들은 격려하라고 권면합니다. 마지막으로 '힘이 없는 자들'로 이들은 '믿음이 약한 자들'을 말합니다. 바울은 이들은 붙들어 주라고 권면합니다. '붙들어 준다'는 것은 격려하며 지지한다는 말입니다. 이 세 종류의 사람은 모두 이웃입니다. 하나님의 자녀는 이웃을 그들의 특성에 따라 섬겨야 합니다.

2. 오래 참습니다

바울은 모든 사람에게 오래 참으라고 권면합니다. 오래 참음은 하나님의 성품 가운데 하나입니다. 하나님의 오래 참음이 없었다면 인간은 아무도 구원받지 못할 것입니다. 오래 참음은 성령의 사람에게 나타나는 믿음의 덕목입니다. 오래 참음은 먼저 나를 구원하시기 위해 나를 견뎌주신 하나님을 생각하는 것입니다. 그리고 나를 오래 참으신 하나님이 그를 구원하실 것을 확신하며 하나님이 내게 그렇게 하셨듯이 그를 견디는 것입니다.

3. 항상 선을 따릅니다

모든 사람이 내게 잘하지 않습니다. 내게 악을 행하는 사람도 제법 많습니다. 나를 이용하려는 사람들은 언제나 내 주위에 있습니다. 바울은 이런 상황에서 악으로 악을 갚지 말고, 항상 선을 따르라고 합니다. 이는 무작정 손해를 보거나 악행을 참고 있으라는 말이 아닙니다.

악을 행하는 사람들에게 자극받아 하나님의 자녀라는 너의 정체성을 잃지 말라는 말입니다. 하나님의 자녀라는 내 정체성을 잃으면 가장 큰 것을 잃는 것입니다. 하나님의 자녀라는 내 정체성을 잃으면 감정적으로 행동하게 됩니다. 누가 내게 악을 행하면 당장 보복하려는 마음이 일어납니다. 그때 일단 멈추고, 하나님의 자녀라는 내 정체성을 기억해야 합니다. 그러면 악을 행하는 사람들 가운데서 지혜롭게 사랑을 행할 수 있습니다.

 지금 여기서 : 내 삶 속으로

1. 내 주변에 있는 세 종류의 이웃들을 떠올려 봅시다. 나는 그들을 어떻게 섬기고 있습니까?

2. 사람들이 흔히 말하는 오래 참음과 본문이 말하는 오래 참음은 어떻게 다릅니까?

3. 내게 악을 행하는 사람이 있을 때, 앞으로 어떻게 반응하시겠습니까? 오늘 나눈 말씀을 가지고 말해보십시오.

✝ 요점 정리

1. 하나님의 자녀들은 이웃을 각자의 특성에 따라 섬긴다.
2. 하나님의 자녀들은 모두 사람에게 오래 참는다.
3. 하나님의 자녀들은 누가 내게 악을 행할 때 지혜롭게 사랑으로 행동한다.

바라보고, 확신하고, 순종하고

본문 읽기	마태복음 26:36-40
새길 말씀	조금 나아가사 얼굴을 땅에 대시고 엎드려 기도하여 이르시되 내 아버지여 만일 할 만하시거든 이 잔을 내게서 지나가게 하옵소서. 그러나 나의 원 대로 마시옵고 아버지의 원대로 하옵소서 하시고(마 26:39)
본문 주제	순종 : 듣는 즉시 행동함

○ **마음 열기**   교회 건물 종탑의 십자가를 보면 어떤 생각이 드시나요?

📖 그때 거기서 : 성경 속으로

공과 인도 순서

1. 찬양하기
2. 모임기도
3. 본문읽기
4. 새길말씀
5. 마음열기
6. 말씀나눔
7. 합심기도
8. 교제시간

성결은 순종으로 연결됩니다. 성결의 다른 모양이 순종입니다. 성결한 사람은 순종이란 열매를 맺습니다. 본문은 예수님이 잡히시기 전날 밤 고뇌 가운데 기도하시던 모습에 관한 기록입니다. 예수님은 3년에 걸친 공생애의 절정인 십자가의 고난을 앞두고 하나님께 기도하셨습니다. 예수님도 십자가의 고난을 받아들이시기가 어려우셨기 때문입니다. 하지만 결국 예수님은 결국 십자가의 고난을 받아들이십니다. 예수님은 어떻게 자신을 아버지 하나님께 순종하는 아들로 내어드릴 수 있었던 걸까요?

1. 예수님은 하나님을 바라보셨습니다

십자가의 고난을 앞에 둔 순간, 예수님은 자기 안에 있는 나약한 인간의 모습과 마주하셨습니다. 예수님에게도 십자가의 고난은 덥석 받아들이기가 힘든 일이었습니다. 그 상황에서 예수님은 세 번 반복하여(39, 42, 44) 간절히 기도하십니다. 이 간절함은 자기 뜻을 관철하기 위한 열정이나 치성이 아니었습니다. 하나님의 뜻이 내 뜻보다 옳다는 신뢰 속에서 하나님을 바라보고, 바라보는 일이었습니다.

2. 예수님은 하나님의 뜻을 확신하셨습니다

하나님을 바라보고, 바라보자 엎치락뒤치락하던 예수님의 마음이 하나의 초점에 맞춰졌습니다. 예수님은 자신이 십자가에서 받을 저주와 심판이 사람들에게 구원을 가져다주는 유일한 길이요, 아버지 하나님의 뜻이란 사실을 확신하게 되셨습니다. 기도하기 전 사나운 폭풍이 이는 바다 같았던 예수님의 마음은(38) 기도가 끝나자 고요해졌습니다(45).

3. 예수님은 즉시 하나님의 뜻에 순종하셨습니다

구약에서 '순종하다'로 번역되는 히브리어 동사는 '샤마(שׁמע)'인데, 이 동사의 기본뜻은 '듣다'입니다. 히브리 사상에서 '누군가의 말을 듣는다'란 것은 '순종한다'란 뜻입니다. 한편 신약에서 '순종하다'로 번역되는 헬라어 동사는 '휘파쿠오(ὑπακούω)'인데, 이 동사는 '-아래에'라는 뜻을 가진 전치사 '휘포(ὑπο)'와 '듣다'란 뜻을 가진 동사 '아쿠오(ἀκούω)'가 합쳐진 단어입니다. 이 단어의 문자적 문자적인 의미는 '아래에 서서 듣다'입니다. 구약과 신약 모두 순종을 하나님의 뜻을 알고 행동하는 것이라 말하고 있습니다. 순종은 곧 행동입니다. 이해가 아니라 동작입니다. 예수님은 하나님의 말을 듣자마자 바로 행동하셨습니다. 자신을 보내신 분인 하나님 아래에 서서 하나님의 말씀을 들으신 예수님은 즉시 일어나 십자가의 고난 안으로 들어가셨습니다.

 지금 여기서 : 내 삶 속으로

1. 내가 내 십자가를 앞에 두고 있을 때, 내게는 어떤 일이 일어납니까? 어떤 변화가 있습니까? 솔직하게 나누어 봅시다.

2. 하나님의 말씀을 듣는 것은 즉시 행동하는 것입니다. 이것이 내게 주는 울림은 무엇입니까?

3. 오늘 나는 이 말씀을 어떻게 내 삶에 적용하겠습니까?

 요점 정리

1. 예수님은 십자가의 고난을 앞에 두고 하나님을 바라보셨다.
2. 하나님을 바라보신 예수님은 자기가 십자가를 지는 일이 하나님의 뜻임을 확신하셨다.
3. 하나님을 뜻을 알게 되자 예수님은 즉시 순종하셨다.

23 자기를 비워

본문 말씀 **롬 5:19**

본문 읽기　로마서 5:19
새길 말씀　한 사람이 순종하지 아니함으로 많은 사람이 죄인 된
　　　　　것 같이 한 사람이 순종하심으로 많은 사람이 의인이
　　　　　되리라(로마서 5:19)
본문 주제　순종 : 자기를 비움

○ **마음 열기**　옷장 안에 안 입는 옷이 몇 벌 있나요?

📖 그때 거기서 : 성경 속으로

순종은 하나님과 나 사이에 일어나는 개인적인 사건입니다. 순종은 내가 성결한 삶을 살 때 맺히는 열매입니다. 하지만 한 사람의 순종은 거기서 그치지 않습니다. 순종은 많은 열매를 맺습니다. 본문은 바울이 로마에 보낸 편지로서, 예수 그리스도 한 분의 순종으로 인해 모든 인류가 얻은 구원을 설명합니다. 많은 열매를 맺은 예수님의 순종은 어떤 순종이었습니까?

공과 인도 순서

1. 찬양하기
2. 모임기도
3. 본문읽기
4. 새길말씀
5. 마음열기
6. 말씀나눔
7. 합심기도
8. 교제시간

1. 예수님은 인간 구원을 위한 유일한 대안이었습니다

본문에는 두 사람이 뚜렷하게 대비되어 나옵니

다. 불순종한 사람과 순종한 사람입니다. 한 사람의 불순종으로 모든 사람이 죄인이 되었습니다. 아담의 타락은 한 개인의 타락이 아니라 인류의 타락이었습니다. 아담의 범죄는 인류의 범죄였고, 나의 범죄였습니다. 아담의 범죄는 인간 안에 있는 타락한 본성을 보여주는 사건이었습니다. 하나님은 죄 가운데 있는 인류를 구원하길 원하셨습니다. 그래서 이 땅에 예수 그리스도를 보내셨습니다. 하나님이 보내신 이 한 사람은 하나님이 죄인을 구하시기 위해 내신 유일한 대안이었습니다. 이제 한 사람의 순종으로 모든 사람이 의인이 되고, 한 사람의 순종이 인류의 구원이 될 차례였습니다.

2. 예수님은 하나님의 뜻에 순종하셨습니다

예수님은 하나님의 본체시며, 삼위 하나님 중 한 분이십니다. 그런데 예수님은 그 모든 것을 버리시고 하나님께 순종하셨습니다(빌 2:5-11). 이 순종은 누구의 강요에 따른 게 아니라 나온 자발적인 선택이었습니다. 예수님의 순종은 하나님을 사랑하고, 인간을 사랑하신 결과였습니다. 예수님은 '자기를 비워(빌 2:7)' '사람의 모양으로 나타나셨는데(빌 2:8)', 이 표현은 예수님의 순종 바탕에 있는 겸손을 함축적으로 나타냅니다. 예수님은 스스로 낮아져 인간의 몸을 입으시고 하나님의 뜻에 순종하셨습니다. 하늘의 영광이 땅에서 하나님께 순종이란 행동으로 나타난 것입니다.

3. 예수님의 순종으로 하나님의 인간 구원 계획이 실현되었습니다

아담의 불순종은 인류의 타락이라는 열매를 맺었습니다. 하지만 예수님의 순종은 인류의 구원이라는 열매를 맺었습니다. 예수님이 자기를 비우셨을 때, 하나님은 그 빈자리를 하나님의 영광으로 가득 채우셨습니다. 예수님의 순종으로 하나님의 뜻인 인간 구원의 계획이 역사 속에 실현되었습니다. 사람의 신분은 죄인에서 의인이 되었고, 죽음이 변하여 영생이 되었습니다.

 지금 여기서 : 내 삶 속으로

1. 예수님의 순종은 구체적으로 어떻게 나타났습니까?

2. 예수님의 순종인 '자기 비움'은 자발적인 선택이었습니다. 예수님은
   어떻게 자발적인 선택을 하실 수 있었을까요?

3. 나는 어떻게 예수님처럼 순종하려는지 나누어 봅시다.

 요점 정리

1. 예수님은 인간 구원을 위해 하나님이 내신 유일한 대안이었다.
2. 예수님은 자기를 비워 사람의 모양으로 나타나시는 것으로 하나님의
   뜻에 순종하셨다.
3. 예수님의 자기 비움은 많은 열매를 맺었다. 예수님의 순종으로 하나
   님의 인간 구원 계획이 실현되었다.

24 하나님을 본받아

본문 말씀 **엡 5:1-2**

본문 읽기 에베소서 5:1-2
새길 말씀 그리스도께서 너희를 사랑하신 것 같이 너희도 사랑
가운데서 행하라. 그는 우리를 위하여 자신을 버리사
향기로운 제물과 희생제물로 하나님께 드리셨느니라
(에베소서 5:2)
본문 주제 순종 : 하나님을 본받아 예수님처럼 사랑하기

○ **마음 열기** 당신의 삶에 가장 영향을 준 사람은 누구인가요?

📖 그때 거기서 : 성경 속으로

공과 인도 순서

1. 찬양하기
2. 모임기도
3. 본문읽기
4. 새길말씀
5. 마음열기
6. 말씀나눔
7. 합심기도
8. 교제시간

순종은 예수님이 걸으신 생명의 길을 걷는 것이
고, 예수님이 보여주신 새로운 삶의 방식에 헌신하
는 것입니다. 순종할 때 우리는 영원한 생명이라는
목적지를 향해 걷게 됩니다. 의인이요, 하나님의
자녀라는 내 신분에 어울리는 삶을 삽니다. 본문에
서 바울은 예수님을 나의 구주로 영접한 성도들에
게 죄인에서 의인으로, 멸망할 사람에서 하나님의
자녀로 바뀐 신분에 합당한 삶이 무엇인지를 제시
합니다.

1. 하나님을 본받아야 합니다

성도가 살아내야 할 합당한 삶의 방향과 기준은 하나님을 본받는 것입니다. 하나님은 거룩하십니다. 죄와 함께할 수 없으신 분입니다. 거룩하신 하나님이 죄인이 된 사람을 사랑하셨습니다. 자기가 사랑하는 사람과 영원히 함께하시기 위해 사람의 죄를 없애셨습니다. 하나님이 자기가 사랑한 상대인 사람의 죄를 없앤 방법은 조건 없는 자기희생이었습니다. 하나님은 자기 아들을 십자가에 못 박아 희생시키는 것으로 사람의 죗값을 대신 치르셨습니다. 그 결과 죄인이 의인이 되고, 영원히 죽을 존재가 하나님의 자녀가 되었습니다. 성도는 하나님의 이 놀라운 사랑을 받은 존재입니다. 바울은 거룩하신 하나님이 우리를 사랑하신 이 방식을 본받는 것이 성도가 살아야 할 합당한 삶이라고 말합니다.

2. 예수님이 우리 삶의 본보기입니다

하나님이 우리를 사랑하신 방식은 예수님을 통해 완전하게 드러납니다. 예수님의 순종은 하나님을 본받는 삶을 살아야 하는 우리에게 완전한 본보기입니다. 예수님은 아버지의 명령에 순종하셨고, 그 순종은 우리를 향한 사랑으로 나타났습니다. 예수님에게도 그 순종의 과정은 쉽지 않았습니다. 그러나 결국 예수님은 순종하셨고, 예수님의 순종은 인간 구원이라는 열매를 맺었습니다. 인간 구원은 예수님의 철저한 자기 낮춤과 자기 부인이라는 희생이 맺은 결과였습니다.

3. 사랑하면 모두가 복을 받습니다

"하나님을 본받아 예수님처럼 사랑하라"는 명령에 순종하면 '나'가 '우리'가 되어 같이 복을 받는 놀라운 일이 일어납니다. 하나님을 본받아 살면 이기적인 '나'가 죽습니다. 이기적인 '나'가 죽으면 '너'가 살아나고, 새롭게 태어난 '나'와 살아난 '너'는 '우리'가 됩니다. 서로를 향해 반응하고, 상대를 돌보며, 함께 자라가는 한 몸이 됩니다. 어느 한 사람도 소외되지 않고 용서와 희생, 격려 속에서 지체 모두가 예수님을 머리로 자라가게 되는 것입니다. 순종의 결과는 내가 잘되는 것 이상입니다. 참된 순종의 결과는 나를 품고 있는 공동체, 내가 섬기는 몸의 형통입니다. 사랑하면 모두가 복을 받습니다. 순종의 결과는 1+1이 아니라 나와 너 모두가 기쁨으로 참여하여 누리는 영생입니다.

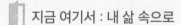

지금 여기서 : 내 삶 속으로

1. 하나님을 본받는 삶은 어떤 삶을 말합니까?

2. 참된 순종의 결과는 나를 품고 있는 공동체, 내가 섬기는 몸의 형통이라는 사실이 내게 주는 깨달음은 무엇입니까?

3. 오늘 나눈 말씀을 지금의 내 삶에 어떻게 적용하겠습니까?

요점 정리

1. 거룩하신 하나님이 우리를 사랑하신 이 방식을 본받는 것이 성도가 살아내야 할 합당한 삶이다.
2. 예수님의 삶이 우리가 본받아야 하는 삶이다.
3. "하나님을 본받아 예수님처럼 사랑하라"는 명령에 순종하면 '나'가 '우리'가 되어 같이 복을 받는 일이 일어난다.

모두가 복을 받는 섬김으로

본문 말씀 고후 9:1-15

본문 읽기	고린도후서 9:1-15
새길 말씀	각각 그 마음에 정한 대로 할 것이요 인색함으로나 억지로 하지 말지니 하나님은 즐겨 내는 자를 사랑하시느니라(고후 9:7)
본문 주제	순종 : 자발적으로 섬김

◯ **마음 열기**   남의 도움을 받아 기뻤던 일은 무엇이었나요?

📖➕ 그때 거기서 : 성경 속으로

순종은 하나님의 자녀가 지닌 특징으로서 순종은 종교 행위만을 말하는 게 아닙니다. 순종은 하나님을 경외하고, 이웃과 세상을 섬기는 일을 포함하는 삶의 방식입니다. 하나님의 자녀는 이 새로운 삶의 방식에 헌신함으로써 하나님을 드러내고, 구원받지 못한 많은 사람을 구원의 길로 인도합니다. 오늘은 본문을 보며 하나님이 우리를 부르신 새로운 삶의 방식이 무엇인지 생각해 봅니다.

공과 인도 순서

1. 찬양하기
2. 모임기도
3. 본문읽기
4. 새길말씀
5. 마음열기
6. 말씀나눔
7. 합심기도
8. 교제시간

1. 어떠한 마음과 자세로 사랑의 섬김을 실천할지 당부합니다

글라우디오 황제(A. D. 41-54)때 닥친 심한 기근으로 예루살렘교회는 고통을 당합니다. 이 소식을 들은 고린도교회는 구제헌금을 모금해 예루살렘교회를 돕겠다고 결정합니다. 바울은 이 아름다운 소식을 마게도냐교회에 전했는데, 그들도 형제를 돕는 일에 동참하기를 결정하고 이를 실천합니다. 그들 역시 매우 어려운 상황이었지만 구제헌금을 작정하고 실천했던 것입니다. 그런데 마게도냐교회에 앞서 구제헌금하기를 결정한 고린도교회는 1년이 지나도록 구제헌금을 하지 못하고 있었습니다. 바울은 이런 고린도교회를 향해 편지를 씁니다. 어떤 마음과 자세로 약속했던 사랑의 섬김을 실천해야 할지 권면합니다.

2. 자발적이어야 합니다

바울은 고린도교회가 약속한 구제헌금 약속을 지키기를 원했습니다. 그러나 이를 강요하거나 심리적인 압박을 취하지는 않았습니다. 대신 고린도교회가 자발적으로 섬김을 약속했던 일을 상기시키며 하나님은 자발적인 섬김을 기뻐하신다고 설명합니다. 본문에서 구제헌금, 연보로 번역된 헬라어 '율로기아(εύλογία)'에는 '좋은 말, 찬양, 후한 선물, 축복'의 뜻이 있습니다. 참 연보는 의무 이행이나 체면 유지, 자랑이나 자기만족을 위해서 하는 것이 아닙니다. 비난받는 것이 두려워서 하는 것도 아닙니다. 참된 연보의 동기는 형제들에 대한 사랑과 지체 의식, 형제들의 고통을 나누려는 마음입니다.

3. 진정한 섬김은 모두에게 복이 됩니다

하나님은 형제들에 대한 사랑과 지체 의식, 형제들의 고통을 나누려는 마음으로 주변을 섬기는 자들에게 풍성한 복을 주시겠다고 약속하셨습니다(신 15:10-11). 형제들에 대한 사랑과 지체 의식, 형제들의 고통을 나누려는 마음에서 나오는 섬김은 주는 사람이나 받는 사람 모두에게 복이 됩니다. 바울은 고린도교회의 교인들에게 자발적이고 인색하지 않은 섬김을 하라고 권면합니다. 고린도 교인들이 구제를 위해 후하게 연보한다면 그것은 그들의 의가 되고, 예루살렘의 성도들에게는 유익이 되며, 더 나아가 하나님께는 영광이 될 것입니다. 구제 연보의 수혜자들이 그 연보로 인하여 하나님께 감사를 드리고, 그 감사는 하나님을 향한 예배로 이어질 것이기 때문입니다. 섬김은 있는 사람들이 없는 것들을 돕는 게 아닙니다. 각자의 처지에서 주고받는 것으로 상대를 섬김으로써 그들을 한 몸으로 있게 하시는 하나님을 찬양하고, 하나님께 감사하는 일입니다. 그럼으로써 하나님을 닮아가는 것입니다. 진정한 섬김은 우리 모두를 복 있는 사람으로 만듭니다.

 지금 여기서 : 내 삶 속으로

1. 순종은 어떠한 삶의 방식입니까? 순종에는 무엇과 무엇이 포함됩니까?
2. 자발적이고 진정한 섬김은 왜 모두에게 복이 됩니까?
3. 나는 앞으로 어떻게 섬김의 삶을 살겠습니까?

 요점 정리

1. 바울은 고통받는 형제교회인 예루살렘교회를 돕기 위해 구제 헌금하기를 결단했으나 1년이 지나도록 실천하지 못하고 있는 고린도교회가 구제헌금을 하기를 바랐다.
2. 바울은 고린도교회가 자발적으로 구제헌금 약속을 지키기를 당부했다.
3. 바울은 고린도교회의 교인들에게 자발적이고 인색하지 않은 섬김을 하라고 권면한다. 형제들에 대한 사랑과 지체 의식, 형제들의 고통을 나누려는 마음에서 나오는 섬김은 주는 사람이나 받는 사람 모두에게 복이 되기 때문이었다.

하나님이 주신 은혜에 반응하다

본문 말씀 삼하 6:1-23

본문 읽기 사무엘하 6:1-23

새길 말씀 다윗이 미갈에게 이르되 이는 여호와 앞에서 한 것이니라. 그가 네 아버지와 그의 온 집을 버리시고 나를 택하사 나를 여호와의 백성 이스라엘의 주권자로 삼으셨으니 내가 여호와 앞에서 뛰놀리라(삼하 6:21)

본문 주제 하나님을 찬양함

○ **마음 열기** 사랑하는 사람에게 고백받아 본 적이 있으신가요?

📖 그때 거기서 : 성경 속으로

공과 인도 순서

1. 찬양하기
2. 모임기도
3. 본문읽기
4. 새길말씀
5. 마음열기
6. 말씀나눔
7. 합심기도
8. 교제시간

　본문은 이스라엘이 블레셋과 전쟁할 때 빼앗겼던 언약궤(하나님의 궤)를 찾아 다윗성으로 옮겨 올 때의 이야기입니다. 이때 온 이스라엘이 기뻐하며 하나님을 찬양합니다. 찬양 속에 언약궤는 다윗성에 안치되었습니다. 하나님의 자녀가 할 일 중 하나가 기쁨으로 하나님을 찬양하는 것입니다. 오늘은 본문에서 하나님의 자녀가 어떻게 하나님을 찬양해야 하는지를 생각해 봅니다.

1. 하나님의 도우심으로 하나님의 궤는 예루살렘으로 돌아옵니다

하나님의 궤(언약궤)를 다윗성으로 옮기려던 첫 번째 시도는 실패합니다. 이에 다윗은 여호와를 두려워하여 하나님의 궤를 바로 자신의 성으로 옮기지 않고 가드 사람 오벧에돔의 집으로 옮깁니다. 하나님의 궤는 그곳에 석 달을 머물러 있었는데, 오벧에돔과 그의 온 집은 복을 받습니다. 다윗은 이것을 하나님의 궤를 옮겨도 좋다는 하나님의 신호로 여기고 다시 하나님의 궤 이동 작업을 시작합니다. 누구를 시키지 않고 자신이 가서 하나님의 궤를 기쁨으로 메고 다윗성으로 올라갔습니다. 하나님의 궤는 하나님 임재의 상징입니다. 하나님의 궤가 이런 과정을 거쳐 예루살렘으로 옮겨졌다는 것은 하나님의 궤가 예루살렘으로 돌아온 것이 인간의 의지가 아니라 하나님의 의지라는 것을 보여줍니다. 하나님의 궤가 예루살렘으로 돌아온 것은 인간의 힘 때문이 아니라 하나님의 허락 때문이었습니다.

2. 다윗은 온맘과 온몸으로 하나님을 찬양했습니다

다윗은 언약궤가 이동하는 동안 여호와 앞에서 힘을 다하여 춤을 추었습니다. 다윗의 온맘과 온몸이 하나님께 전심으로 반응하였습니다. 백성들 앞에서 다윗은 힘을 다하여 춤을 추었습니다. 그의 옷이 벗겨질 정도였습니다. 다윗의 찬양이 얼마나 열정적이었는지는 사울의 딸 미갈의 반응에서 알 수 있습니다. 다윗의 찬양이 얼마나 열정적이었는지 미갈이 다윗이 찬양하는 모습을 보고 다윗을 업신여기며(16), 나무랄 정도였습니다(20). 그만큼 다윗의 찬양은 그의 전 존재가 드려진 것이었습니다.

3. 다윗의 열정적인 찬양은 하나님이 주신 은혜에 대한 반응이었습니다

다윗은 자신의 힘으로 능히 하나님의 궤를 예루살렘으로 옮겨올 줄

알았습니다. 이제 다윗은 사울에게 쫓기는 처참한 신세가 아니었고, 유다 지파의 왕이 아니라 온 이스라엘의 왕이었으며, 숙적 블레셋까지 물리침으로써 막강한 힘을 가진 군주였기 때문입니다. 그런데 하나님의 궤를 이동하는 일에서 첫 번째 실패하자 다윗은 금방 자신의 교만을 알아차립니다. 하나님은 인간인 자신이 명령할 수 없는 분임을 잊고 있었던 것입니다. 그래서 다윗은 하나님의 명령이 오기를 신중하게 기다립니다. 오벧에돔과 그의 집에 복을 주시는 것을 보고, 그것을 신호로 하나님의 궤를 다시 옮깁니다. 이번에는 첫 번째 시도 때와 같은 일이 없었습니다. 하나님이 궤의 이동을 허락하신다는 뜻이었습니다. 이것을 알게 되자 다윗은 가만히 있을 수가 없었습니다. 열정적으로 하나님을 찬양했습니다. 그의 찬양은 자신과 이스라엘에게 주신 은혜에 대한 뜨거운 반응이었습니다.

지금 여기서 : 내 삶 속으로

1. 본문을 가지고 '찬양'을 정의해 보십시오.
2. 내 삶에서는 얼마나 찬양이 드려지고 있습니까?
3. 앞으로 어떻게 찬양하는 삶을 살려고 하는지 나누어 봅시다.

요점 정리

1. 하나님의 궤가 예루살렘의 다윗성으로 돌아온 것은 인간의 힘 때문이 아니라 하나님의 허락 때문이었다.
2. 다윗은 온맘과 온몸으로 하나님을 찬양했다. 다윗의 찬양은 그의 전 존재가 드려진 것이었다.
3. 다윗의 찬양은 하나님이 주신 은혜에 대한 반응이었다.

신유 : 영의 치유

신유는 하나님의 보호로 육신이 항상 건강한 것과 병들어 하나님께 기도함
으로 병 고침을 받는 경험을 말하며 이는 하나님의 뜻이며(마 8:2-3), 하나님
의 약속이며(출 15:26, 신 7:15, 약 5:15), 하나님 능력의 역사이다(시 103: 3)

그 성에 큰 기쁨이 있었다

본문 말씀 **행 8:4-8**

본문 읽기	사도행전 8:4-8
새길 말씀	많은 사람에게 붙었던 더러운 귀신들이 크게 소리를 지르며 나가고 또 많은 중풍병자와 못 걷는 사람이 나으니 그 성에 큰 기쁨이 있더라(행 8:7-8)
본문 주제	성령의 역사와 병 고침

○ **마음 열기** 육체적으로 가장 많이 아팠던 경험이 있나요?

📖 **그때 거기서 : 성경 속으로**

공과 인도 순서

1. 찬양하기
2. 모임기도
3. 본문읽기
4. 새길말씀
5. 마음열기
6. 말씀나눔
7. 합심기도
8. 교제시간

사도행전 8장에는 성령님께서 일하시는 장면이 생생하게 나옵니다. 사도행전 8장에 성령의 일하심이 크게 나타났던 까닭은 빌립이 성령의 말씀에 순종했기 때문이었습니다. 여기에 드러난 성령님의 일하심이 신유입니다. 복음의 능력이 드러나는 신유는 대체 어떤 사건일까요?

1. 집사 빌립은 사마리아 성에 복음을 전했습니다

빌립은 예루살렘교회가 세운 일곱 집사 중 하나로 성령과 지혜가 충만하고, 사람들로부터 칭찬 들는 사람이었습니다(행 6:5). 스데반 집사가 순교한 뒤 예루살렘교회에 큰 핍박이 일어나자 12명의 사도를 제외한 헬라파 유대인 성도들은 박해를 피해 사방으로 흩어졌습니다. 그러나 그들은 흩어지는 중에도 복음 전파를 멈추지 않았습니다. 그들 안에 있던 복음의 심장은 흩어진 중에도 여전히 뛰고 있었기 때문입니다. 흩어진 사람 중 하나였던 빌립은 소외되었던 땅인 사마리아 지역으로 가서 복음을 전파합니다.

2. 성령님은 빌립을 통해 많은 사람을 고치셨습니다

빌립은 복음을 전파합니다. 하나님의 나라와 예수 그리스도의 이름을 전합니다. 또 빌립은 복음 전파와 더불어 표적을 행합니다. 표적의 내용은 병자의 치유였습니다. 더러운 귀신이 들었던 많은 사람이 해방되었고, 당시 불치병으로 알려졌던 중풍병자와 못 걷는 사람이 치유됩니다. 그러자 사마리아 성에 있는 많은 사람이 복음을 믿게 되었습니다. 그러나 이는 빌립의 능력이 아니라 성령님의 능력이었습니다. 빌립이 능력을 행한 게 아니라 많은 사람을 구원하시려는 성령님이 빌립을 쓰시어 능력을 행하신 것입니다.

3. 사마리아 성에 큰 기쁨이 있었습니다

성령님은 사마리아에 복음을 전하는 일에 신실하고 성령 충만한 사람인 빌립을 쓰셨습니다. 그러자 멸시받고 차별받던 땅, 소외되었던 사마리아 성에 복음이 전해졌습니다. 외롭고 고단한 사람들이 사는 그 성에서도 가장 불행한 처지에 있던 사람들에게 신유의 기적이 일어났습니다. 삶의 기쁨이라고는 찾아볼 수 없던 사람들에게 치유의 은혜가 임했던 것입니다. 그래서 성경은 "그 성에 큰 기쁨이 있었다(8)"라고 쓰고 있습니다. 다른 말로 하면 그 성에 신유를 베푸시는 성령님이 계셨습니다.

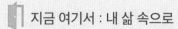 지금 여기서 : 내 삶 속으로

1. 내게는 핍박을 받는 중에도 복음을 전하고자 하는 복음의 심장이 뛰고 있습니까?

2. 나는 내 삶에도 신유가 일어난다는 것을 믿고 있습니까?

3. 오늘 나눈 말씀을 내 삶에 어떻게 적용하겠습니까?

요점 정리

1. 집사 빌립은 핍박을 피해 흩어지면서도 소외된 지역인 사마리아 성에 복음을 전했다.
2. 성령님은 빌립을 통해 사마리아 성에서 많은 사람을 고치셨다.
3. 신유가 일어났던 사마리아 성에는 큰 기쁨이 있었다.

순종할 때 나타나는 성령의 능력

본문 말씀 행 8:9-24

본문 읽기   사도행전 8:9-24

새길 말씀   그들이 내려가서 그들을 위하여 성령 받기를 기도하니
             (행 8:15)

본문 주제   믿음과 기도로만 드러나는 신유의 능력

⚪ **마음 열기**   어떻게 예수님을 믿게 되었나요?

📖✝ 그때 거기서 : 성경 속으로

우리는 각종 질병으로 고통받고 있습니다. 질병은 우리 삶에서 기쁨을 앗아갑니다. 그래서 우리는 질병의 치유에 관심이 많습니다. 신유는 병을 고치시는 하나님의 능력입니다. 우리 중에 살아가는 동안 병에 걸리지 않는 사람은 거의 없습니다. 그렇기에 신유는 우리가 내게 임하기를 간절하게 바라는 하나님의 능력입니다. 어떻게 우리는 신유의 은혜를 경험할 수 있습니까?

공과 인도 순서

1. 찬양하기
2. 모임기도
3. 본문읽기
4. 새길말씀
5. 마음열기
6. 말씀나눔
7. 합심기도
8. 교제시간

1. 마술사 시몬이 세례를 받았습니다

사마리아 성에는 많은 사람이 따르던 마술사 시몬이 있었습니다. 그는 하나님의 능력을 갖춘 사람

이라 여겨져 오랫동안 그곳에서 상당한 영향력을 행사하던 마술사였습니다(10-11). 그 역시 자신을 '큰 자'라 칭할 만큼 자신감에 넘쳐 있었습니다. 그런 그가 빌립의 전도를 받고 다른 사람들과 같이 세례를 받았습니다. 그리고 빌립을 따라다니며 나타나는 표적과 큰 능력을 보고 놀랍니다.

2. 성령의 능력을 탐하는 것이 신앙은 아니었습니다

빌립 집사의 전도로 사마리아 성에 복음이 전해졌다는 소식이 예루살렘 교회에 전해지자 교회는 베드로와 요한을 사마리아로 파송합니다. 사마리아에 생긴 성도들이 성령을 받게 하기 위해서였습니다. 두 사도가 안수하자 사마리아의 성도들이 성령을 받았습니다. 이것을 지켜보던 시몬은 두 사도에게 많은 돈을 주며 자신이 안수하는 사람이 성령을 받게 해 달라고 요청합니다. 이는 시몬이 빌립의 전도를 받고 세례를 받기는 하였으나 아직 진정으로 예수님을 믿은 것은 아니었다는 명백한 증거였습니다. 그는 단지 빌립에게 나타나는 표적과 큰 능력을 보고 그를 추종하는 사람이었을 뿐입니다. 그는 아직도 인간 중심인 종교인이었지 하나님 중심인 성령의 사람은 아니었습니다.

3. 성령의 능력은 믿음과 기도를 통해서만 드러납니다

시몬의 영적인 상태를 꿰뚫어 본 사도 베드로는 시몬을 책망합니다. 책망의 핵심은"성령님은 네가 네 맘대로 부리는 영이 아니다. 성령은 인간이 맘대로 쓸 수 있는 능력도 아니다. 성령님은 네가 순종해야 할 하나님이시다. 표적은 네가 하나님께 엎드려 있을 때 너를 통해 드러나는 성령님의 능력이다!"로 요약할 수 있습니다. 성령님은 삼위 하나님 중 한 분입니다. 성령의 임재는 하나님이 주시는 선물입니다. 이 선물은 겸손히 하나님을 믿고, 구하는 자들에게 하나님이 값없이 주시는 은총입니다. 성령의 능력은 오직 믿음과 기도로만 나타납니다. 예루살렘교회 성도들은 이것을 잘 알고 있었습니다. 그래서 믿음으로 회개하고 기도함으로써 성령을 선물로 받을 수 있었고, 성령을 선물로 받을 때 드러나는 능력으로 복음을 전하고 병자를 치유하는 놀라운 일을 할 수 있었습니다.

 지금 여기서 : 내 삶 속으로

1. 나는 성령을 내 맘대로 쓸 수 있는 능력으로 알고 있습니까? 아니면 내가 엎드려야 할 하나님으로 만나고 있습니까?

2. 주변에서 성령을 인간이 부릴 수 있는 능력으로 여기는 경우를 본 일이 있습니까? 예를 들어 말해봅시다.

3. 성령의 능력은 오직 믿음과 기도로만 나타납니다. 어떻게 이 일을 실천하겠는지 구체적으로 나누어 봅시다.

 요점 정리

1. 빌립의 전도를 받고 마술사 시몬이 세례를 받았다.
2. 빌립은 베드로와 요한에게 돈을 주고 성령의 능력을 사려고 했다. 이는 그가 아직 진정으로 예수님을 믿지 못한다는 증거였다.
3. 베드로는 시몬에게 성령은 인간이 맘대로 쓸 수 있는 능력도 아니라 인간이 순종해야 할 하나님이시며, 표적은 인간이 하나님께 엎드려 있을 때 그를 통해 드러나는 성령님의 능력임을 가르쳐 주었다.

하나님과 세상 사이에서

본문 말씀 창 18:16-33, 19:12-29; 요 17:1-26

본문 읽기	창세기 18:16-33, 19:12-29; 요한복음 17:1-26
새길 말씀	이로 말미암아 그는 새 언약의 중보자시니 이는 첫 언약 때에 범한 죄에서 속량하려고 죽으사 부르심을 입은 자로 하여금 영원한 기업의 약속을 얻게 하려 하심이라(히 9:15)
본문 주제	중보기도

......

○ **마음 열기** 누구를 위해서 가장 많이 기도하고 있나요?

......

📖 그때 거기서 : 성경 속으로

공과 인도 순서

1. 찬양하기
2. 모임기도
3. 본문읽기
4. 새길말씀
5. 마음열기
6. 말씀나눔
7. 합심기도
8. 교제시간

하나님은 공의로우셔서 반드시 죄를 심판하십니다. 그러나 하나님은 사랑이셔서 죄인 때문에 마음 아파하시고 그들을 구원하기를 원하십니다. 하나님의 자녀는 하나님의 이 두 가지 성품을 닮아가도록 하나님이 새로 태어나게(중생) 하신 존재입니다. 언뜻 보면 이 두 가지 성품은 서로 다른 것처럼 보이지만, 이 두 가지 성품은 같은 것입니다. 하나님의 온전하신 성품입니다. 하나님의 자녀가 서로 다른 것처럼 보이는 하나님의 공의로우심과 사랑을 닮아가고, 이를 삶에서 실천하는 방법이 죄인을 위해 드려지는 의인의 중보기도입니다.

1. 아브라함은 롯과 소돔을 위해 중보기도를 드렸습니다(창 18:16-33)

자신을 찾아오신 하나님께서 죄악이 가득한 소돔과 고모라를 찾아가 정말 그런지 알아보시겠다고 말씀하셨을 때, 아브라함은 소돔과 거기에 사는 조카 롯을 생각합니다. 아브라함은 롯이 소돔이 멸할 때 같이 멸하지 않기를 바랍니다. 롯은 아브라함이 하나님의 뜻을 따라 아버지 데라 때부터 멈춰있던 구원의 역사가 진행되는 일에 순종하려 목숨을 걸고 가나안으로 이주했을 때 아브라함을 따라 믿음의 모험을 감행한 사람이었기 때문입니다. 아브라함은 하나님의 공의를 알고, 하나님의 사랑도 압니다. 그래서 그는 하나님의 이 공의로우심과 사랑에 기초하여 하나님께 중보기도를 드립니다. 소돔에 소수의 의인이 있다면 소돔을 멸하시지 말라고 간구합니다. 롯을 향한 사랑이 낸 지혜와 대담함이었습니다. 의인의 숫자는 50명에서 시작하여 45명, 40명, 30명, 20명, 마침내 10명까지 내려갔습니다. 아브라함은 포기하지 않고 소돔과 롯의 구원을 위해 중보기도를 드렸습니다.

2. 롯의 가족은 구원받았습니다(19:12-29)

하나님이 말씀하신 대로(18:20) 소돔은 죄와 악이 가득했습니다. 소돔에는 의인 10명이 없었습니다. 그래서 결국 소돔과 고모라는 유황과 불로 멸망합니다. 하지만 하나님은 아브라함의 중보기도를 들으셨습니다. 소돔과 고모라는 멸망하여 잿더미가 됐지만, 하나님은 롯의 가족을 거기서 구원하셨습니다.

3. 예수님은 인류의 중보자셨습니다(요 17:1-26)

중보기도의 완전한 모범을 우리는 예수님에게서 봅니다. 요한복음

17장은 십자가에서의 죽음을 앞두신 예수님께서 드린 중보기도입니다. 예수님은 먼저 자신을 위하여 기도하셨고(1-5), 자신에게 속한 사람을 위해 기도하셨으며(6-10), 그들을 거룩하게 하고 선한 자들로 삼아주실 것을 기도하셨습니다(17-19). 이어 앞으로 예수님을 믿게 될 사람들까지 포함하여 자신에게 속한 사람들의 일치(20-23)를 위해 기도하시고, 하나님께서 그들을 영화롭게 해 주시기를 기도했으며(24), 그들과 자기 사이에 사랑이 있게 해 주시기를 기도하셨습니다(25-26). 예수님의 기도는 죄와 불순종 때문에 하나님과 반목하고 있는 인간이 하나님께로 나가서 하나님과 화목할 수 있도록 하는 중보기도였습니다. 예수님은 인류의 중보자로서 하나님의 자녀인 우리가 드릴 중보기도의 완전한 모범이셨습니다.

지금 여기서 : 내 삶 속으로

1. 정반대인 것처럼 보이는 하나님의 공의로우심과 사랑이라는 성품이 하나님의 온전하심이라는 것을 이해할 수 있습니까?
2. 중보기도가 왜 하나님의 자녀이자 성도인 우리가 할 일일까요?
3. 중보기도자라는 나의 사명을 어떻게 실천하겠습니까?

요점 정리

1. 하나님의 공의로우심과 사랑에 기초하여 아브라함은 롯과 소돔을 위해 중보기도를 드렸다.
2. 아브라함의 중보기도를 들으신 하나님은 롯의 가족을 멸망하는 소돔에서 구원하셨다.
3. 인류의 중보자이신 예수님은 하나님의 자녀인 우리가 드릴 중보기도의 완전한 모범을 보여주셨다.

병낫기를 계속 기도하라

30

본문 말씀 **약 5:14-16**

본문 읽기	야고보서 5:14-16
새길 말씀	그들은 주의 이름으로 기름을 바르며 그를 위하여 기도할지니라(약 5:14b)
본문 주제	신유를 기대하고, 확신함

○ **마음 열기** 가장 오래 기도했던 시간은 얼마인가요?

📖✝ 그때 거기서 : 성경 속으로

성경은 병의 치유를 위해 하나님께 기도하라고 가르칩니다. 하나님은 병든 자를 고치시는 분이기 때문입니다(출 15:26). 예수님께서 병든 자들을 고치신 사건은 복음서 곳곳에 기록되어 있는데, 예수님은 제자들에게 신유 사역을 명령하셨고 제자들은 이를 실천에 옮겼습니다. 하나님의 능력 중 하나인 신유는 분명 성도가 내 삶에 일어나기를 기도하고, 사는 동안 체험해야 하는 신앙의 가치 중 하나입니다. 오늘은 성경이 신유에 대해 뭐라고 말하는지 살펴보겠습니다.

공과 인도 순서

1. 찬양하기
2. 모임기도
3. 본문읽기
4. 새길말씀
5. 마음열기
6. 말씀나눔
7. 합심기도
8. 교제시간

1. 신유는 지금도 계속되는 하나님의 은혜입니다

야고보는 병자가 생겼을 때 교회의 장로들을 청하여 주의 이름으로 기름을 바르며 기도하라고 말합니다(14). 병자에게 기름을 바르는 것은 당시 유대인 사회에서 흔히 행해졌던 의료행위였습니다. 야고보는 교회 지도자들에게 병자를 방문하여 기름을 바르는 의술을 사용함과 동시에 병자가 낫기를 간절히 기도하라고 권면합니다. 치료의 근원이 하나님께 있음을 믿고 기도하면서 병자에게 필요한 의학적인 처치를 하라는 말입니다. 신앙과 의술은 반대되는 게 아닙니다. 신앙과 의술은 둘 다 하나님의 신유가 드러나는 통로입니다. 우리는 지금도 우리의 삶에 계속되는 하나님의 은혜인 신유를 기대해야 합니다.

2. 믿음의 기도가 병든 자를 구원합니다

야고보 사도는 믿음의 기도가 병든 자를 구원한다고 말합니다. 병든 자가 낫는다고 하지 않고 구원받는다고 하며, 혹시 죄를 범하였을지라도 사하심을 받는다고 하는 점에 주목합시다. 야고보는 치유를 육체의 회복 차원이 아니라 영혼의 구원 차원에서 다루고 있습니다. 본질적인 차원에서 병을 다루고 있는 것입니다. 분명히 모든 병이 죄의 결과는 아닙니다. 그러나 창조주 하나님의 주권을 인정하지 않고 창조 질서에 순응하지 않는 삶의 방식은 병을 유발합니다. 하나님과의 관계가 깨어질 때 사람을 이루고 있는 영과 혼, 육의 균형이 깨지면서 우리는 병에 걸릴 확률이 크게 높아집니다. 그래서 하나님과의 관계가 회복된 믿음의 기도를 드릴 때, 병든 자가 구원을 받는 것입니다.

3. 서로 죄를 고백하며 병이 낫기를 서로 기도해야 합니다

병은 자연스러운 노화 현상의 반영이기도 하지만, 어떤 경우에는 우리 삶의 건강한 관계가 파괴되었다는 신호이기도 합니다. 나와 하나님, 나와 이웃 사이에 있어야 할 건강한 관계가 파괴될 때, 병이 찾아옵니다. 먼저 영혼이 병들고, 몸이 병드는 것으로까지 연결되는 것입니다. 그래서 병들었을 때 우리가 할 일 중 하나는 서로 죄를 고백하며 병이 낫기를 서로 기도하는 일입니다. 서로를 긍휼하게 여기고 받아들이며 행하는 죄 고백과 회개는 병을 고치는 가장 강력한 치료제입니다. 서로 죄를 고백하며 병이 낫기를 서로 기도할 때, 신유가 일어납니다. 하나님이 거룩한 그 관계 안에 치료의 빛으로 임하십니다.

 지금 여기서 : 내 삶 속으로

1. 신앙과 의술은 둘 다 하나님의 신유가 일어나는 통로입니다. 나는 이것을 알고 실천하는 균형감각을 가지고 있습니까?
2. 본문에 따르면 병이 찾아오는 원인과 해결책은 무엇입니까?
3. 오늘 나눈 말씀을 어떻게 내 삶에 적용할 수 있을지 나누어 봅시다.

 요점 정리

1. 병들었을 때 치료의 근원이 하나님께 있음을 믿고 기도하면서 치유에 필요한 의학적인 처치를 하라. 신앙과 의술은 둘 다 하나님의 은혜가 드러나는 통로다.
2. 모든 병이 죄의 결과는 아니지만, 창조 질서가 깨질 때 병이 온다. 그래서 하나님과의 관계가 회복된 믿음의 기도를 드릴 때, 병든 자는 구원받는다.
3. 나와 하나님, 나와 이웃 사이에 있어야 할 건강한 관계가 파괴될 때, 병이 찾아오기도 한다. 그래서 서로를 긍휼하게 여기고 받아들이며 행하는 죄 고백과 회개는 병을 고치는 가장 강력한 치료제다.

아름다운 어깨동무

본문 말씀 행 9:26-31, 11:22-26, 13:1-3

본문 읽기	사도행전 9:26-31, 11:22-26, 13:1-3
새길 말씀	바울과 바나바는 안디옥에서 유하며 수다한 다른 사람들과 함께 주의 말씀을 가르치며 전파하니라(행 15:35)
본문 주제	아름다운 협력

○ **마음 열기**   어렸을 적 재미있던 놀이는 무엇이었나요?

📖 그때 거기서 : 성경 속으로

공과 인도 순서

1. 찬양하기
2. 모임기도
3. 본문읽기
4. 새길말씀
5. 마음열기
6. 말씀나눔
7. 합심기도
8. 교제시간

사울(바울이라고 하는 사울, 행 13:9)의 회심은 성경에 나오는 극적인 변화 중 하나로서 이방인을 구원하시려는 하나님의 계획과 섭리 아래 일어난 일이었습니다. 하지만 유대교의 최고 엘리트요, 예루살렘교회를 핍박하는 일에 적극적으로 앞장섰던 사울의 회심은 유대인과 기독교인 모두에게 믿기 어려운 일이었습니다. 특히 예루살렘교회의 교인들은 더 그랬습니다. 이때 사울을 변호하고 도와주었던 사람이 바로 바나바입니다. 이후 두 사람은 복음을 전하고 교회를 든든히 세워가는 일에 협력하며 아름다운 동역이 무엇인지를 보여줍니다.

1. 예루살렘 교회는 회심한 바울을 믿지 못했습니다

다메섹에서 회심한 바울은 유대인들에게 살해위협을 받자 아라비아에 가서 복음을 전하다가 3년 만에 예루살렘으로 돌아와 15일 동안 체류합니다(갈 1:18). 그러나 예루살렘교회의 사도들과 성도들은 사울의 이전 모습을 기억하며 그를 두려워하고 경계했습니다. 바울이 그리스도의 제자가 되었다는 사실은 이미 소문으로 전해졌을 것으로 생각되지만, 예루살렘교회는 이를 확신할 수 없었습니다. 그만큼 사울의 회심은 극적인 사건이었습니다.

2. 바나바는 바울을 변호했습니다

바나바는 본명이 요셉이고, 구브로 섬 출신의 레위족 사람이었습니다(행 4:36). 자신의 소유를 팔아 교회에 바친 믿음이 있었던 사람으로서(행 4:37) 사도들은 그를 '위로의 아들'이라는 뜻을 가진 바나바로 불렀습니다. 그는 성령과 믿음이 충만하여(행 1:24) 예루살렘교회의 신뢰를 받던 사람이었습니다. 바나바는 회심을 의심받는 바울을 직접 사도들에게 데리고 가서 그를 변호합니다. 그제야 사도들은 바울의 진심을 믿게 됩니다(행 9:27).

3. 바나바와 바울은 서로 협력하여 교회의 부흥을 이루었습니다

이후 바나바와 바울은 서로 협력하여 하나님의 나라를 확장해 나갑니다. 바나바는 자신이 파송된 안디옥교회가 부흥하자 길리기아 다소에서 은둔생활을 하던 바울을 직접 찾아가 동역자로 삼고 협력하여 일합니다(행 11:25-26). 바나바는 예루살렘교회의 신뢰를 받던 사람이요, 바울보다 먼저 그리스인이 되었던 사람이었습니다. 그러나 그는 자신의 권리나 위치를 고집하지 않고, 탁월한 재능이 있다고 여긴

바울과 협력하여 복음을 전파합니다. 심지어 이방 선교의 주도권을
바울에게 넘겨주고, 자신은 조력자로 협력합니다. 바울 역시 바나바
의 제의를 받아들여 협력하면서 이후 이방 선교에서 큰 열매를 맺습
니다. 상대를 받아들이고 이해하는 두 사람의 아름다운 협력은 유대
교와 유대라는 좁은 틀에 갇혀 있던 복음이 이방 세계로 뻗어나가게
하는 힘이었습니다.

🚪 지금 여기서 : 내 삶 속으로

1. 사울과 바나바의 아름다운 연합을 보니 기분이 어떻습니까?

2. 지금까지 살면서 이렇게 아름다운 연합을 본 적이 있다면 말해봅시다.

3. 오늘 나눈 말씀을 어떻게 내 삶에 적용하겠습니까?

✝ 요점 정리

1. 사울의 회심이 워낙 극적이었으므로, 예루살렘교회는 그의 회심을
   믿지 못했다.
2. 성령과 믿음이 충만한 사람 바나바의 변호로 사도들은 사울의 회심
   이 진심이라는 것을 믿게 되었다.
3. 상대를 받아들이고 이해하는 두 사람의 아름다운 협력은 유대교와
   유대라는 좁은 틀에 갇혀 있던 복음이 이방 세계로 나가게 했다.

장점을 보고, 칭찬하라

본문 말씀 눅 6:27-42, 19:1-10

본문 읽기 누가복음 6:27-42, 19:1-10
새길 말씀 무엇보다도 뜨겁게 서로 사랑할찌니 사랑은 허다한 죄
　　　　　를 덮느니라 (벧전 4:8)
본문 주제 조건 없는 사랑

○ 마음 열기 돌아가면서 한 사람씩 칭찬해주세요.

📖✝ 그때 거기서 : 성경 속으로

하나님의 자녀는 사랑하는 삶을 살도록 요청받습니다. 중생은 사랑하는 삶으로의 초대입니다. 하나님을 만나 중생하면 사랑하고 싶은 마음이 듭니다. 내 옆의 사람들도 내가 하나님의 자녀임을 알면 내게서 사랑을 보고 싶어합니다. 사람들이 하나님의 자녀에게서 보고 싶은 모습은 성공한 모습이 아니라 사랑하는 모습입니다. 왜 하나님의 자녀에게는 사랑하는 삶이 요청되는 것일까요?

공과 인도 순서

1. 찬양하기
2. 모임기도
3. 본문읽기
4. 새길말씀
5. 마음열기
6. 말씀나눔
7. 합심기도
8. 교제시간

1. 우리 아버지 하나님의 본질과 성품은 사랑입니다(6:27-36)

아버지는 자녀에게 자신의 본질과 속성을 물려

줍니다. 그래서 자녀는 아버지를 닮습니다. 누군가의 자녀라는 것은 아버지의 본질과 속성을 물려받았다는 말입니다. 하나님은 우리의 아버지시고, 우리는 하나님이 십자가에서 해산의 수고를 하고 낳으신 하나님의 자녀입니다. 우리의 아버지 하나님의 본질과 속성이 무엇입니까? 바로 사랑입니다. 성경은 우리에게 "아버지가 자비로우심 같이 너희도 자비로운 사람이 되라(6:36)"고 말합니다. 우리가 사랑하는 삶을 살아야 하는 이유는 구원받기 위해서가 아닙니다. 구원받아 하나님의 자녀가 되었기 때문입니다. 내가 중생할 때 하나님께서 내게 주신 생명이 사랑하는 삶으로 나를 이끕니다. 이 생명의 이끌림에 순종할 때, 우리는 하나님의 자녀로 멈추지 않고 자라갑니다. 그래서 우리는 사랑하는 삶을 살아야 하는 것입니다.

2. 사랑은 비판하지 않고, 용서하는 것입니다(6:37-42)

하나님의 성품인 사랑은 너를 존재로 받는 것으로서 너의 일부가 아니라 너의 전체를 받아들이는 일입니다. 하나님의 자녀로서 아버지의 본성인 사랑을 닮아가려면 두 가지를 실천하면 됩니다. 비판하지 않고, 용서하는 일입니다. 상대를 전체가 아니라 부분으로 받으면 우리 눈에는 상대의 장점은 보이지 않고 단점만 보입니다. 둘 다 보여도 단점이 훨씬 크게 보입니다. 상대가 이해되지 않고 '왜 저래?'라는 판단만 일어납니다. 하지만 아버지 하나님이 십자가에서 우리 전체를 받으신 것처럼 상대를 전체로 받기로 작정하십시오. 비판을 그치고, 상대를 용서해 보십시오. 그러면 우리는 아버지처럼 사랑할 수 있습니다.

3. 예수님은 삭개오의 장점을 보고 칭찬하셨습니다(눅 19:1-10)

비판하지 않고 용서하는 일의 한 예를 우리는 삭개오가 예수님을 만난 이야기에서 봅니다. 삭개오는 식민지 유대에서 세금을 걷어 대제국 로마에 바치는 일을 하는 세무공무원(세리)의 장으로서 유대인들에게 손가락질받는 사람이었습니다. 사람들은 세리장이고 부자라는 그의 부분만 받아들여 그를 내쳤습니다. 하지만 예수님은 먹고 살기 위해 동족들에게 무거운 세금을 걷는 로마 세무공무원의 삶을 선택한 그의 단점을 비판하지 않으셨고, 그를 용서하셨습니다. 그 대신 예수님은 그의 장점을 보셨습니다. 진리이신 예수님을 만나기를 원하고, 예수님을 만나고 진리를 알게 되자 즉각 진리에 순종하는 그의 단순성과 믿음을 칭찬하셨습니다. 삭개오를 만나셨을 때 예수님은 그의 전체를 받아들이심으로써 그를 구원하셨습니다.

 지금 여기서 : 내 삶 속으로

1. "너의 전체를 받아들인다"란 말은 무슨 뜻입니까?

2. 나란 존재 전체가 받아들여진 경험이 있습니까? 혹은 누구 전체를 받아들인 경험이 있습니까?

3. 지금 내 옆에 있는 사람 중 오늘 나눈 말씀을 적용할 사람은 누구입니까? 그 사람에게 오늘 나눈 말씀을 어떻게 적용하겠습니까?

요점 정리

1. 우리 아버지 하나님의 본질과 성품은 사랑이다.
2. 사랑은 비판하지 않고, 용서하는 것이다. 상대를 부분이 아니라 전체로 받았기에 단점보다 장점을 더 크게 보고, 더 많이 보는 것이다.
3. 예수님은 삭개오의 장점을 보고 칭찬하심으로써 그를 구원하셨다.

33 하나 됨을 증거하는 한 몸

본문 말씀 **행 2:42-47**

본문 읽기 사도행전 2:42-47
새길 말씀 평안의 매는 줄로 성령이 하나 되게 하신 것을 힘써 지
키라(엡 4:3)
본문 주제 교회 : 생명이자 한 몸인 공동체

○ **마음 열기** 가장 좋아하는 간식은 무엇인가요?

📖 그때 거기서 : 성경 속으로

오순절에 있었던 성령님의 임재는 새로운 모임인 교회의 탄생으로 연결되었습니다. 교회는 다른 배경과 특징을 가진 사람들을 하나로 묶어내며 이 세상에 모습을 드러냈습니다. 사람들은 세상에서는 볼 수 없었던 그 모습에서 하나님을 보았고, 구원받았으며, 교회에는 구원받은 사람이 더해졌습니다. 하나님이 인간을 구원하는 일에 쓰시는 모임인 교회는 어떤 공동체일까요?

공과 인도 순서

1. 찬양하기
2. 모임기도
3. 본문읽기
4. 새길말씀
5. 마음열기
6. 말씀나눔
7. 합심기도
8. 교제시간

1. 초대교회는 살아있는 한 몸이었습니다

성령님의 임재 이후 생긴 초대교회는 복음을 전하는 사도들의 가르침과 교제와 떡을 떼며 기도하

는 일이 활발하게 일어났던 모임이었습니다. '떡을 떼는 것'은 예수 그리스도가 제정하시고 제자들에게 기념하라고 명령하신 성찬(눅 22:19)을 의미합니다. 성찬은 우리가 예수 그리스도의 희생으로 한 몸이 되었다는 고백이자 확인입니다. 초대교회를 이루었던 사람들은 성찬으로 자신들이 한 몸임을 확인하면서 교제하고 기도했습니다. 그들은 죽은 조직이 아니었습니다. 성령님의 품에서 태어난 생명으로서 살아있는 한 몸이었습니다.

2. 초대교회는 하나 됨을 보여주었습니다

초대교회를 특징짓는 것은 '함께, 같이'라는 가치의 실천입니다. 그들이 행한 교제와 기도, 구제 등의 모든 행동은 혼자서 하는 일이 아니었고, 혼자서만 잘할 수 있는 일이 아니었습니다. 그들이 한 일은 '함께, 같이'하는 일이었습니다. 그들은 성전이라는 구심점을 중심으로 모여 '함께'와 '같이'의 가치를 실천했습니다. 예수 그리스도를 나의 구원자로 고백하는 믿음은 다른 배경과 특징을 가진 사람들을 하나님의 뜻에 순종하는 하나의 몸으로 묶어냈습니다. 초대교회는 강력한 결속력을 가진 공동체였습니다.

3. 하나 됨은 하나님을 증거했습니다

살아있는 한 몸으로서 '함께'와 '같이'란 가치를 실천한 초대교회는 많은 열매를 맺었습니다. 첫째, 그들에게 많은 기사와 이적이 나타났습니다. 둘째, 그들은 공유 경제를 실현했습니다. 셋째, 서로를 받아들여 교제하는 치유공동체를 이루었습니다. 넷째, 하나님을 찬미했습니다. 다섯째, 백성들로부터 칭찬받았습니다. 이 열매를 한마디로 표현하자면 '하나님의 영광'입니다. 그들은 삶으로 하나님께 영광을 돌렸습니다. 하나님은 초대교회를 통해 당신을 드러내셨습니다. 거기에 구원이 있었습니다.

지금 여기서 : 내 삶 속으로

1. 오늘 나눈 말씀을 근거로 '교회'를 정의해 봅시다.

2. 교회와 다른 모임, 공동체의 차이는 무엇일까요? 무엇이 가장 다릅니까?

3. 우리 교회가 본문에 나오는 교회처럼 되기 위해 나는 무엇을 하겠습니까? 구체적으로 말해봅시다.

 요점 정리

1. 초대교회는 이 세상에 임하신 성령님의 품에서 태어난 생명으로서 살아있는 한 몸이었다.
2. 초대교회는 '함께, 같이'라는 가치를 추구하며 강력한 결속력을 보여주는 공동체였다.
3. 초대교회는 하나 됨을 삶으로 증거함으로써 하나님께 영광을 돌렸다.

한 몸이 되고, 한 몸으로 자라가고

34

본문 말씀 **고전 1:10-17, 3:1-9**

본문 읽기 고린도전서 1:10-17, 3:1-9
새길 말씀 우리는 하나님의 동역자들이요, 너희는 하나님의 밭이
          요, 하나님의 집이니라(고전 3:9)
본문 주제 교회의 하나 됨

○ **마음 열기** 학창시절 가장 힘든 점이 무엇이었나요?

 그때 거기서 : 성경 속으로

고린도 교회는 바울이 2차 전도 여행 중에 설립한 교회였습니다. 고린도교회는 설립 이후 성장했지만, 크고 작은 문제로 갈등하며 성장에 어려움을 겪고 있었습니다. 바울은 3차 전도 여행 중에 안타까운 마음으로 크고 작은 분열과 갈등을 경험하고 있는 교회에 편지를 씁니다. 이 편지에서 우리는 교회의 하나 됨을 위한 하나님의 지혜를 봅니다.

공과 인도 순서

1. 찬양하기
2. 모임기도
3. 본문읽기
4. 새길말씀
5. 마음열기
6. 말씀나눔
7. 합심기도
8. 교제시간

1. 시기는 육신을 따라 행하는 것입니다

바울은 고린도교회 안에 있는 시기를 지적합니다. '시기'는 그릇된 경쟁의식에서 나오는 감정을

말하는데, 시기가 밖으로 표출되면 분쟁이 일어납니다. 바울은 시기를 육에 속한 사람이 가지고 있는 정서로 보고(갈 5:20), 시기를 '육신에 속하여 사람을 따라 행하는 것'이라고 지적했습니다. "사람을 따라 산다"라는 것은 죄인이 살아가는 방식인 '이기심, 교만, 시기' 등의 정서를 옳다고 여기며 사는 것을 말합니다.

2. 시기는 분열을 일으킵니다

시기는 분열하게 하고, 파당을 만듭니다. 시기가 있던 고린도교회 안에는 바울파, 아볼로파 외에도 몇몇 분파들이 더 있었습니다(고전 1:12). 고린도교회라는 몸은 여러 갈래로 나뉘어 신음하고 있었습니다. 바울은 자신과 아볼로가 하나님의 종이라고 말합니다. 여기 사용된 '종'은 식탁에서 시중을 드는 봉사자를 가리키는 말입니다. 바울은 자신을 포함한 모든 일꾼이 하는 행위의 주체는 그리스도시며, 자신들은 그리스도의 뜻을 이루는 도구에 불과하다고 말합니다. 그런데 어떤 지도자와 그를 따르는 분파가 더 낫다는 생각은 인간이 하나님의 뜻을 이루는 도구라는 것을 잊게 합니다. 그리고 한 몸을 여러 갈래로 나누어 놓습니다.

3. 한 몸으로 자라갈 때, 하나님의 영광이 드러납니다

고린도교회는 성장하는 교회였습니다. 은사를 가진 사람도 많았고, 철학의 도시인 만큼 말씀을 잘 가르치는 지도자들도 많았습니다. 그런데 시기로 인해 지도자를 중심으로 여러 분파가 생겼고, 각 분파에 들어가는 것이 지혜로운 행동으로 여겨지게 되었습니다(고전 1:10-12). 바울은 식물을 재배하는 일에 비유해 교회 안에서 파당을 만들고 나뉘는 일이 잘못되었다고 말합니다(고전 3:6-7). 고린도교회에서 일어나는 모든 일의 배후에는 하나님이 계십니다. 하나님은 당신의 선한 뜻에 따라 교회에 여러 일꾼을 세우시고, 그들을 써서 교회를 이

끌어 가십니다. 그들은 맡은 일에 충성을 다하는 일꾼이지 주인이 아닙니다. 지도자들은 이것을 잊고 교만하거나 교회 안에 자기의 추종자들을 만들어서는 안 됩니다. 한편 성도들은 그들의 권위를 인정하고 순종하되 특정 지도자만을 따라서는 안 됩니다. 교회는 오직 교회의 머리이신 예수님을 따라 한 몸이 되고, 한 몸으로 자라가야 합니다. 이 하나 됨, 자람에서 하나님의 영광이 드러납니다.

 지금 여기서 : 내 삶 속으로

1. 시기는 무엇이고, 그 결과는 무엇입니까?

2. 시기로 분열이 일어났던 경우나 지금 분열하고 있는 경우를 말해봅시다.

3. 오늘 나눈 말씀을 어떻게 내 삶에 적용하겠습니까?

 요점 정리

1. '시기'는 그릇된 경쟁의식에서 나오는 감정으로 죄인이 옳다고 여기며 살아가는 방식을 따라 살아가는 것이다.
2. 어떤 지도자와 그를 따르는 분파가 더 낫다는 생각(시기)이 있던 고린도교회는 바울파, 아볼로파 외에도 몇몇 분파들로 나뉘어 분쟁하고 있었다(고전 1:12).
3. 바울은 교회 안에서 파당을 만들고 나뉘는 일이 잘못되었다고 말하고, 교회의 머리이신 예수님을 따라 한 몸이 되고, 한 몸으로 자라가라고 권면한다.

35 사랑이 사람을 바꿉니다

본문 말씀 막 3:17; 눅 9:54; 요 13:34-35; 요일 4:7-10

본문 읽기 마가복음 3:17; 누가복음 9:54; 요한복음 13:34-35; 요한일서 4:7-10

새길 말씀 사랑하는 자들아 하나님이 이같이 우리를 사랑하셨은즉 우리도 서로 사랑하는 것이 마땅하도다(요일 4:11)

본문 주제 사랑으로 변화된 사람

◯ 마음 열기 사랑을 위해서 '무엇'까지 해보셨나요?

📖 그때 거기서 : 성경 속으로

예수님께서는 "새 계명을 너희에게 주노니 서로 사랑하라. 내가 너희를 사랑한 것같이 너희도 서로 사랑하라"라고 말씀하셨습니다. '새 계명'이란 사랑하는 것인데, 사랑은 사람을 변화시킵니다. 예수님은 제자들을 변화시키기 위해 몸소 사랑을 보여주셨습니다. 이 사랑이 제자들을 변화시켰고, 제자들은 예수님을 닮은 모습으로 사랑을 온 세상에 전할 수 있었습니다. 이번 과에서는 그 변화의 과정을 살펴보며 하나님의 자녀인 우리가 왜 사랑해야 하는지를 생각해 봅니다.

공과 인도 순서

1. 찬양하기
2. 모임기도
3. 본문읽기
4. 새길말씀
5. 마음열기
6. 말씀나눔
7. 합심기도
8. 교제시간

1. 요한은 '우레의 아들'이었습니다

요한은 갈릴리 출신의 어부로서 세베대의 아들이며 야고보의 형제였습니다. 갈릴리 출신의 어부답게 그는 호전적이고 강한 성격을 가진 사람이었습니다. 얼마나 성질이 불같았는지 그의 별명은 '보아너게의 아들', 즉 '우레의 아들'이었습니다. 그는 예수님을 받아들이지 않는 사마리아 사람들을 보고 "우리가 불을 명하여 하늘로부터 내려 저들을 멸하라 하시기를 원하시나이까(눅 9:54)"라고 할 만큼 불같은 성격을 지닌 사람이었습니다.

2. 요한은 예수님과 동행하며 사랑을 체험했습니다

예수님은 이런 요한을 제자로 부르십니다. 그리고 그와 함께 3년을 동행하십니다. 제자들은 예수님과 3년을 동행하며 동고동락했으나 예수님을 진정 이해하지 못했습니다. 요한도 마찬가지였습니다. 하지만 예수님은 그들을 품으셨습니다. 제자로 자신을 따라나선 그들을 위해 기도하셨고, 그들을 끝까지 사랑하셨습니다. 그리고 마침내 그들을 위해 목숨을 버리셨습니다. 예수님이 그렇게 하실 수 있었던 까닭은 예수님 안에 언젠가는 이 사랑이 열매를 맺어 그들이 변화될 것이라는 믿음이 있었기 때문입니다. 예수님은 제자들을 사랑하셨고, 그들을 믿으셨습니다. 그들이 자신의 사랑으로 이미 변화되었고, 앞으로 그 사랑을 보여줄 존재로 성장하리라는 것을 확신하셨습니다. 그래서 예수님은 제자들에게 새 계명의 실천을 당부하십니다(요 13:34-35). 요한에게는 당신의 어머니 마리아를 부탁하시기도 했습니다(요 19:25-27). 예수님의 제자 사랑은 요한에게는 자신의 불같은 성격을 사랑으로 품어 주면서 동행하는 존재의 체험이었습니다.

3. '우레의 아들'이 변하여 '사랑의 사도'가 되었습니다

예수님이 옳으셨습니다. 예수님의 사랑은 제자들을 변화시켰습니다. 예수님의 사랑은 제자들을 자라게 하셨습니다. 놀랍게도 '우레의 아들'은 변하여 '사랑의 사도'가 되었습니다. 성격이 급하고 과격하며, 하나님께 예수님과 자기들을 받아들이지 않는 사람들에게 죽음이라는 벌을 주실 것을 요청하던 차가운 요한이 사랑이 가득 담긴 따뜻한 편지(요한서신)를 써서 '사랑이 전부'라고 말하는 사람이 됩니다. 사랑이 또 다른 사랑을 낳은 것입니다.

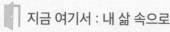

지금 여기서 : 내 삶 속으로

1. "사람은 변하지 않는다"라는 말이 있습니다. 나는 이 말을 어떻게 생각합니까?

2. 요한의 변화가 내게는 어떻게 느껴집니까? 요한의 변화가 내게 주는 메시지는 무엇인가요?

3. 오늘 나눈 말씀을 어떻게 내 삶에 적용할지 나누어 봅시다.

요점 정리

1. 예수님의 사랑을 경험하기 전, 요한은 '우레의 아들'이었다. 불같은 성격을 지닌 사람이었다.
2. 예수님의 제자 사랑은 요한에게는 자신의 불같은 성격을 사랑으로 품어 주면서 동행하는 존재의 체험이었다.
3. 예수님의 사랑은 '우레의 아들' 요한을 '사랑의 사도'로 변화시켰다. 사랑은 또 다른 사랑을 낳았다.

즉시 달라지다

36

본문 말씀 **행 2:14-47**

본문 읽기	사도행전 2:14-47
새길 말씀	그들이 사도의 가르침을 받아 서로 교제하고 떡을 떼며 오로지 기도하기를 힘쓰니라 (행 2:42)
본문 주제	즉각 일어나는 삶의 변화

◯ **마음 열기** 당신이 가장 받기 싫은 선물은 무엇인가요?

📖 그때 거기서 : 성경 속으로

중생은 개종이 아니라 삶의 변화입니다. 성결은 경건의 모양이 아니라 경건의 능력입니다. 기독교 신앙은 성령님이 우리 삶에 오실 때

공과 인도 순서

1. 찬양하기
2. 모임기도
3. 본문읽기
4. 새길말씀
5. 마음열기
6. 말씀나눔
7. 합심기도
8. 교제시간

일어나는 눈에 띄는 삶의 변화입니다. 오순절에 성령님이 오셨을 때, 거기에는 삶의 변화가 있었습니다. 어떤 변화가 있었을까요?

1. 예수님이 올바로 전해졌습니다

성령을 받은 베드로의 설교는 크게 하나님께서 주신 성령의 은사에 관한 내용(14-21)과 예수님이 참 메시아이심을 밝히는 내용으로 나뉩니다(22-36). 이 설교의 핵심은 사도행전에 나오는 모든 설

신유 133

교처럼 예수님께서 십자가에 못 박히셨다가 부활하셨고, 그 예수님이 바로 우리의 주와 그리스도가 되신다는 사실입니다. 당시 유대인들은 예수님을 메시아로 인정하지 않았기 때문에 "너희가 십자가에 못 박은 예수를 하나님이 살리셨다"라는 사실은 유대인들에게 큰 충격이었습니다. 성령이 오시자 거기에는 예수님이 올바로 전해졌습니다.

2. 베드로는 성령을 선물로 받으라고 선포했습니다

많은 사람이 베드로의 설교를 듣고 마음에 찔립니다. 베드로는 자신의 설교를 듣고 어찌해야 하는지를 묻는 사람들에게 말합니다. "너희가 회개하여 각각 예수 그리스도의 이름으로 세례를 받고 죄 사함을 받아라. 그리하면 성령의 선물을 받으리니(38)." '회개'는 죄에서 떠나 그리스도께로 삶의 방향을 돌이키는 일입니다. 회개란 그리스도를 통해 성결로 나아가는 인격의 변화입니다. '세례'는 예수 그리스도를 나의 구세주로 모셔 들이고 그분의 이름으로 내가 하나님의 자녀가 되었음을 인정받는 일입니다. 베드로는 회개하고 세례받아 죄 사함을 얻어 성령을 선물로 받으라고 선포합니다.

3. 성령을 받은 사람들은 즉시 달라졌습니다

42절 이후에는 회개와 세례를 통하여 죄 사함을 받고 성령을 선물로 받은 그리스도인들의 모습이 나옵니다. 그들은 성령을 받자 즉시 달라졌습니다. 달라진 건 그들의 종교만이 아니었습니다. 삶의 태도와 내용이었습니다. 성령이란 선물이 지닌 힘은 그들 삶의 모든 영역에 영향을 미쳤습니다. 성령을 받은 사람들은 서로 교제하며 떡을 떼고 기도하기를 힘썼습니다. 같은 선물을 받은 그들은 한 몸이었습니다. 성령을 받자 그들은 내 것과 네 것을 구분하지 않고 서로 섬기며 나누는 사람들이 되었습니다. 성령을 선물 받은 그들의 삶에서는 하나님이 드러나셨습니다. 하나님은 그들을 써서 다른 사람들에게도 성령이라는 선물을 주셨습니다.

지금 여기서 : 내 삶 속으로

1. '회개'는 무엇이고, '세례'는 무엇입니까?

2. 성령을 받고 즉시 달라진 사람을 본 적이 있습니까? 내게는 그런 변화
   가 있었습니까?

3. 즉각적인 삶의 변화를 맛보기 위해 나는 무엇을 하겠습니까?

 요점 정리

1. 오순절에 성령님이 오셨을 때, 거기에는 예수님이 올바로 전해졌다.
2. 베드로는 회개하고 세례받아 죄 사함을 얻어 성령을 선물로 받으라
   고 선포했다.
3. 회개와 세례를 통하여 죄 사함을 받고 성령을 선물로 받자 그들은 즉시
   달라졌다. 달라진 건 그들의 종교만이 아니라 삶의 태도와 내용이었다.

너희는 세상의 소금이다

본문 말씀 **마 5:13**

본문 읽기 마태복음 5:13

새길 말씀 너희는 세상의 소금이니 소금이 만일 그 맛을 잃으면 무엇으로 짜게 하리요. 후에는 아무 쓸데 없어 다만 밖에 버려져 사람에게 밟힐 뿐이니라(마 5:13)

본문 주제 성도의 정체성

○ **마음 열기** 당신은 팥죽에 간이 안 맞으면 소금을 넣나요? 설탕을 넣나요?

📖 **그때 거기서 : 성경 속으로**

성도는 예수 그리스도를 믿음으로써 죽음이라는 치명적인 질병으로부터 치유된 사람이고, 죄로 가득한 세상에서 살며 받았던 상처가 치유된 사람입니다. 기독교 신앙은 십자가 안에서 얻은 치유 경험입니다. 하나님은 이런 우리를 세상 가운데로 보내십니다. 우리가 신유의 주님을 전하게 하셔서 이 세상을 구원하십니다. 이 일에 쓰이는 것만큼 복 있고 기쁜 일은 없습니다. 우리는 어떻게 이 복 있고 기쁜 일에 동참할 수 있을까요?

공과 인도 순서

1. 찬양하기
2. 모임기도
3. 본문읽기
4. 새길말씀
5. 마음열기
6. 말씀나눔
7. 합심기도
8. 교제시간

1. 예수님은 제자들에게 '너희는 세상의 소금'이라고 하십니다

본문은 복음의 핵심을 담은 설교인 산상수훈의 앞부분입니다. 예수님은 여기서 제자들에게 '너희는 세상의 소금'이라고 말씀하십니다. 예수님은 "세상의 소금이 되어라."라고 명령하시지 않았습니다. "너희는 세상의 소금이다."라고 선포하셨습니다. 예수님은 지금 '세상의 소금'이라는 성도의 정체성을 선포하고 계십니다. 앞으로 '세상의 소금'이 되는 게 아닙니다. 성도는 이미 '세상의 소금'입니다. 내가 하나님의 부르심과 은혜로 성도가 되었음을 기억할 때, 성도는 그저 있는 것만으로도 '세상의 소금'이 됩니다. 기독교 신앙은 행위 이전에 확고한 정체성의 문제입니다.

2. 소금은 맛이 있습니다

예수님은 소금의 성질에 비유하여 예수님의 제자들이 이 세상에서 할 일을 선포하셨습니다. 소금은 세 가지 기능이 있습니다. 첫째, 맛을 내는 기능입니다. 성도는 자기희생과 봉사의 삶으로 이 세상을 아름답고 조화로운 세상으로 만들어 갑니다. 둘째, 부패 방지 기능입니다. 성도가 지닌 복음의 능력과 도덕성에 대한 강조입니다. 성도는 죄로 오염된 이 세상을 복음의 능력과 성결한 삶으로 정화하여 부패를 방지합니다. 셋째, 소독과 살균 기능입니다. 예수 그리스도의 십자가 사랑으로 죄가 씻기고 상처가 치유된 성도는 이 세상의 죄를 씻고 상처를 치유하는 삶을 삽니다. 성도가 세상의 소금이라는 자신의 정체성을 잊지 않을 때, 성도는 세상에서 이 세 가지 기능을 담당하게 됩니다.

3. 소금이 맛을 잃으면 사람에게 밟힐 뿐입니다

팔레스타인에서는 소금을 수집하는 과정에서 많은 양의 소금에 흙이나 불순물이 섞입니다. 이런 소금은 짠맛이 없을 뿐 아니라 토양을 망치는 성분을 갖게 되어 경작지에 버려지지 않고 길가에 버려져 사람에게 밟힙니다. 예수님은 이런 상황을 비유로 들어 예수님의 제자들이 복음의 능력과 도덕성을 잃어버리면 사람들의 조롱거리가 된다고 말씀하십니다. 성도가 자신의 정체성을 잊을 때, 성도는 복음의 능력과 도덕성을 발휘하지 못합니다. 성도가 자신의 정체성대로 살지 않을 때, 성도는 세상에서 구별되지 못합니다. 구별되지 못한 성도는 세상 사람들에게 없는 게 더 나은 이기적인 종교인이자 사회의 악일 뿐입니다.

📖 지금 여기서 : 내 삶 속으로

1. "너희는 세상의 소금이 되어라."가 아니라 "너희는 세상의 소금이다." 라는 예수님의 말씀이 내게 주는 메시지는 무엇입니까?

2. 기독교 신앙은 왜 행위 이전에 확고한 정체성의 문제일까요?

3. 오늘 나눈 말씀은 내 삶에 어떻게 적용될 수 있습니까?

✝ 요점 정리

1. 예수님은 제자들에게 '너희는 세상의 소금'이라고 하셨다. 세상의 소금이라는 제자들의 정체성을 선포하셨다.
2. 소금은 맛이 있다. 소금은 맛을 내는 기능, 부패 방지 기능, 소독과 살균 기능이 있다.
3. 소금이 맛을 잃으면 버려져 사람들에게 밟힐 뿐이다.

전(前)과 후(後)

본문 말씀 롬 7:15-8:2, 딤전 1:13-14

본문 읽기	로마서 7:15-8:2, 디모데전서 1:13-14
새길 말씀	이는 그리스도 예수 안에 있는 생명의 성령의 법이 죄와 사망의 법에서 너를 해방하였음이라(롬 8:2)
본문 주제	성실하게 행하는 성결의 추구

○ **마음 열기** 당신은 신호등을 어겨본 적이 있나요?

📖 그때 거기서 : 성경 속으로

성결은 먼저 구원받기 전의 내 상태와 구원받은 이후의 내 삶이 어떻게 다른지, 내게 어떤 변화가 일어났는지를 아는 뚜렷한 인식입니다. 그리고 그 인식 안에서 성실하게 행하는 거룩함의 추구입니다. 신약에는 이것에 관해 바울이 언급한 부분이 있습니다. 이 부분을 보며 우리가 어떻게 성결한 삶을 살기 위해 노력해야 하는지 알아볼까요?

공과 인도 순서

1. 찬양하기
2. 모임기도
3. 본문읽기
4. 새길말씀
5. 마음열기
6. 말씀나눔
7. 합심기도
8. 교제시간

1. 구원받기 전, 인간은 죄와 사망의 법 아래에 있습니다

우리는 살아가는 동안 법을 벗어나서는 단 한 순

간도 살 수 없습니다. 어디를 가든 그 영역을 다스리는 주권자가 있고, 그가 선포한 질서가 있습니다. 따라서 우리의 물음은 "나는 어느 법의 지배를 받고 있는가? 나는 어느 법을 따를 것인가?"가 되어야 합니다. 죄인이 된 인간을 지배하는 법은 죄와 사망의 법입니다. 구원받기 전 인간은 죄와 사망의 법 아래에 있습니다. 그 법 아래에서 인간은 죄의 노예로 살아가며 천천히 죽어갑니다. 죽기 전에 이미 죽어있습니다. 인간의 이 비참한 실존을 경험하지 않을 사람은 아무도 없습니다.

2. 구원받아 생명의 성령의 법 아래에 있게 되었습니다

주님을 만난 바울은 눈이 열려 자기 안에서 치명적인 죄를 봅니다. 자유롭게 살고 있다고 생각했는데, 자기가 죄와 사망의 법 아래에 있음을 깨닫습니다. 자기가 죄의 법과 하나님의 법 사이에서 갈등하는 것을 봅니다. 결국 죄의 법에 굴복하고 마는 나약한 자신을 보고, 깊이 탄식합니다. "오호라, 나는 곤고한 사람이로다!(롬 7:24)." 그런데 이 탄식은 끝이 아니었습니다. 이 탄식은 하나님을 향한 감사로 이어졌습니다. 인간의 죄와 연약함을 담당하시고, 인간을 죽음의 권세에서 해방시키는 참 권세이신 예수 그리스도가 계시기 때문입니다. 예수 그리스도는 인간의 죄를 씻으려고 십자가에 달려 죽으시고 부활하셨습니다. 인간에게 의와 영생을 주시기 위해 죄와 사망에서 승리하셨습니다. 바울은 새로운 법을 주신 예수 그리스도 안에 있는 사람은 죄와 사망의 법에서 벗어나 생명과 성령의 법 아래에 있게 되었음을 선포합니다(롬 8:1-2). 이 법 아래에 있는 것은 구속이 아니라 자유입니다.

3. 성령의 능력이 그를 바꾸었습니다

바울은 예수님을 인격적으로 만나고 성령 충만을 받기 전의 자기

상태를 '비방자, 박해자, 폭행자(딤전 1:13)'로 표현합니다. 더는 악할 수 없다는 말로, 하나님 없는 인간의 실존에 대한 생생한 표현입니다. 그러나 그는 하나님의 계획과 섭리 안에서 예수님을 만납니다. 하나님이 그에게 은혜를 주셨습니다. 성령님이 그를 만나주셨습니다. 그는 구원을 얻고, 성령의 능력으로 즉시 변화되었습니다. 많은 사람에게 예수 그리스도의 복음을 전하고 가르치는 일꾼이 되었습니다.

 지금 여기서 : 내 삶 속으로

1. 구원받기 전, 인간은 어떤 상태에 있습니까?

2. 구원받은 뒤, 인간은 어떤 상태에 있게 됩니까?

3. '자유로운 사람, 곧 성실하게 성결을 추구하는 사람'으로 살기 위해 어떻게 하겠습니까?

요점 정리

1. 구원받기 전, 인간은 죄와 사망의 법 아래에 있다.
2. 구원받으면 생명의 성령의 법 아래에 있게 된다.
3. 성령이 오시면 구원받고, 성령의 능력으로 즉시 변화된다.

썩지 않는 열매 거두기

본문 말씀 **갈 5:16-26**

본문 읽기 갈라디아서 5:16-26

새길 말씀 성령의 열매는 사랑과 희락과 화평과 오래 참음과 자비
와 양선과 충성과 온유와 절제니 이 같은 것을 금지할
법이 없느니라(갈 5:22-23)

본문 주제 성령의 열매

○ **마음 열기**   가장 좋아하는 과일은 어떤 건가요?

📖 그때 거기서 : 성경 속으로

공과 인도 순서

1. 찬양하기
2. 모임기도
3. 본문읽기
4. 새길말씀
5. 마음열기
6. 말씀나눔
7. 합심기도
8. 교제시간

　　복음은 죄로부터의 해방, 온전한 자유입니다. 그
러나 이 자유는 내 뜻대로 모든 것을 할 수 있는 권
한이 아닙니다. 기독교의 자유는 성결이라는 뚜렷
한 목적지를 지향하는 새로운 생명의 본능입니다.
바울은 거짓 교사의 그릇된 가르침에 영향받아 복
음과 자유를 잘못 이해하는 갈라디아교회에 참 복
음과 자유가 무엇인지를 설명하는 편지를 씁니다.
이 편지에서 성결이 무엇인지를 알아보겠습니다.

1. 우리는 두 가지 열매 중 하나의 열매를 맺습니다

본문에는 완전히 다른 두 가지 상태, 두 가지 열매가 대조되어 나옵니다. 하나는 '육체의 일'이고, 하나는 '성령의 열매'입니다. 이 세상에는 육체의 일을 하며 썩어 없어질 열매를 맺는 사람이 있고, 성령의 일을 하며 영원히 썩지 않는 열매를 맺는 사람이 있습니다. 우리가 어떤 삶을 살고, 어떤 열매를 맺어야 할지는 너무나 분명합니다. 우리는 하나님을 만나고, 성령을 선물로 받아 성결한 삶을 살아야 합니다. 성령님과 함께 성결이라는 목표지점을 향해 매일 걸어야 합니다. 이보다 값진 삶은 없습니다.

2. 육체의 일을 하면 하나님의 나라를 상속받지 못합니다

인간이 창조주의 자리에 앉아 삶의 주인이 될 때, 인간은 육체가 됩니다. 하나님의 숨이 없는 흙이 되는 것입니다. 육체가 되면 인간은 죄에 빠져 자기중심적인 존재가 됩니다. 우상숭배에 빠져 온갖 죄를 지으며 그것이 옳은 줄 알고 삽니다. 타인을 내 욕망을 채우기 위한 도구로 사용합니다. 육체의 일을 하는 사람들은 결코 영원한 하나님의 나라를 상속받지 못합니다.

3. 성령의 열매는 변화된 삶으로 영원과 연결됩니다

바울은 성령의 9가지 열매를 언급합니다. 이 열매는 삶이라는 나무에서만 열리고, 타인과의 건강한 관계에서 맺히는 열매라는 특징을 가지고 있습니다. 인간이 죄를 용서받고 하나님께 순종하는 피조물의 자리에 겸손하게 있을 때, 인간은 영이 됩니다. 영이 된 인간, 곧 성도는 시냇가에 심긴 나무가 철을 따라 많은 열매를 맺듯이 자기 안에 있는 새 생명의 본능을 따라 살면서 아름다운 성령의 열매를 맺습니다. 성도에게 자유는 '내 맘대로'가 아니라 '내 맘대로'의 철저한 부인입니다. 성령의 열매는 특별한 종교 행위나 신비체험이 아닙니다. 하나님이 주신 자유가 나와 너 모두를 구원하는 변화된 삶으로 나타난 것입니다. 이 열매, 이 놀라운 변화를 금지할 법은 없습니다.

📖 지금 여기서 : 내 삶 속으로

1. 육체의 일과 열매는 무엇이고, 성령의 일과 열매는 무엇입니까?

2. 육체의 일을 하면 왜 하나님의 나라를 상속받지 못할까요?

3. 성령의 열매를 거두기 위해 지금 어떤 결단을 하고 이를 실천에 옮기시겠습니까?

✝️ 요점 정리

1. 인간은 육체의 일을 할 때 맺히는 '썩을 열매'와 성령의 일을 할 때 맺히는 '성령의 열매' 중 한 열매를 맺게 된다. 우리가 맺어야 할 열매는 영원히 썩지 않는 성령의 열매다.
2. 육체의 일을 하면 하나님의 나라를 상속받지 못한다.
3. 성령의 열매는 특별한 종교 행위나 신비체험이 아니라, 하나님이 주신 자유가 나와 너 모두를 구원하는 변화된 삶으로 나타난 것으로서 영원과 연결된다.

● 재림 : 영의 몸

예수의 재림은 성경의 중심사상이다. 곧 「구약」은 예수의 초림 하실 일에 대한 기록이고, 「신약」은 예수의 재림 하실 일에 대한 기록이다. 초림의 예수는 인류를 대속하기 위해 육체를 입고 오셨고, 재림의 예수는 승천하신 그대로 영광중에 오실 것이다.

두려워하고 있습니까?

본문 말씀 **창 1:1-31**

본문 읽기	마태복음 25:14-30
새길 말씀	그 주인이 이르되 잘하였도다, 착하고 충성된 종아. 네가 적은 일에 충성하였으매 내가 많은 것을 네게 맡기리니 네 주인의 즐거움에 참여할지어다 하고(마 25:23)
본문 주제	성령의 열매를 맺는 삶

◯ **마음 열기**   가장 무서웠던 경험이 있나요?

📖 그때 거기서 : 성경 속으로

공과 인도 순서

1. 찬양하기
2. 모임기도
3. 본문읽기
4. 새길말씀
5. 마음열기
6. 말씀나눔
7. 합심기도
8. 교제시간

　　본문 이전의 단락이 하나님이 주신 은혜 가운데 사는 상태인 '성령 충만'에 대해 강조했다면(마 25:1-13), 본문은 거기에 머무르지 않고 더 적극적으로 나아가 '성령의 열매'를 맺는 삶을 강조합니다. 성령의 열매를 맺는 삶은 어떤 삶일까요?

　　1. 달란트를 받지 않은 종은 없었습니다
　　비유를 보면 주인은 타국에 갈 때 종들에게 자기

소유를 맡깁니다. 주인이 소유를 맡기지 않은 종은 없었습니다. 소유의 크기만 다를 뿐, 모든 종은 주인의 소유를 맡았습니다. 예수님은 이 비유를 들어 하나님이 우리에게 재능을 주셨음을 강조합니다. 하나님이 재능을 주시지 않은 사람은 없습니다. 재능 없이 이 세상에 태어난 사람은 하나도 없습니다. 모두가 하나님께 영광을 돌릴 능력을 갖추고 있습니다.

2. 충성하며 받은 만큼 남긴 종이 있었고, 그렇지 못한 종이 있었습니다

달란트를 받은 종은 두 종류로 나뉩니다. 장사하여 주인이 맡긴 만큼 남긴 사람과 땅을 파고 감추어 두었기에 남기지 못한 사람입니다. 장사하여 남긴 사람은 주인에게 충성된 종이라는 칭찬을 받습니다. 우리가 받은 달란트는 내 것이 아닙니다. 하나님의 것입니다. 다시 말해, 굉장한 것입니다. 내가 받은 달란트의 가능성과 잠재력을 알아채고 활용하기만 한다면 우리는 받은 만큼 남길 수 있습니다. 받았을 때보다 더욱 풍성한 미래를 만날 수 있습니다. 기독교의 충성은 내게 달란트를 맡기신 분에 대한 신뢰입니다. 주님께서 내게 아주 좋은 것, 남길 것, 확실한 미래를 주셨다는 확신입니다. 우리가 할 일은 충성하는 것입니다. 하나님이 내게 맡기신 것의 가능성과 잠재력을 확신하고 활용하는 태도의 실천입니다.

3. 두려워하면 아무것도 남기지 못합니다

다른 종이 가진 것에 비하면 한 달란트는 적어 보입니다. 그러나 한 달란트는 결코 적은 금액이 아니었습니다. 장사하기에는 충분한 돈이었습니다. 그러나 한 달란트를 받은 종은 충성하지 못했습니다. 그가 충성하지 못한 이유는 교만 때문입니다. 그는 주인을 제 맘대로 판단했습니다. 그러자 두려워졌고, 달란트를 땅에 감추어 둔 채 아무것도 남기지 못했습니다. 하나님은 모든 성도에게 각각 다른 달란트를 주시는데, 그것들은 궁극적으로 그리스도의 몸인 교회를 세우는 일에 유익합니다(엡 4:16). 부족하고 쓸모없는 사람은 없습니다(고전 12:21). 하나님이 성도에게 하시는 일은 언제나 옳고 정확합니다. 하나님은 늘 내게 가장 필요한 것을 주십니다. 우리가 이것을 확신하지 못할 때, 우리는 두려워하여 아무것도 남기지 못합니다. 나를 성도로 부르신 하나님을 기억해야 합니다. 언제나 내게 최고의 것을 주시는 하나님을 신뢰해야 합니다. 그렇지 않으면 두려워하게 되고, 두려워하면 아무것도 남기지 못합니다.

지금 여기서 : 내 삶 속으로

1. "달란트를 받지 않은 사람은 없다"라는 말이 진정 믿어집니까?
2. 하나님을 향한 신뢰는 충성으로 이어집니다. 왜 그렇습니까?
3. 지금 나는 달란트를 땅을 파고 묻어 둔 종일 수도 있습니다. 주인이 맡긴 것으로써 장사하는 종이 되기 위해 나는 지금 어떻게 하겠습니까?

✝ 요점 정리

1. 주인이 타국에 갈 때, 주인은 모든 종에게 자신의 소유를 맡겼다. 달란트를 받지 않은 종은 없었다.
2. 받은 만큼 남긴 종이 있었고, 그렇지 못한 종이 있었다. 차이는 충성의 있고 없음이었다. 충성은 주인이 내게 소중한 것을 맡겼다는 확신, 곧 주인에 대한 신뢰였다.
3. 아무것도 남기지 못한 종은 두려움 때문에 충성하지 못하고 열매를 남기지 못했다. 두려움의 정체는 주인에 대한 자기 판단, 곧 교만이었다.

41 완전한 거기서 영원히

본문 말씀 **계 21:1-7, 22:1-5**

본문 읽기	요한계시록 21:1-7, 22:1-5
새길 말씀	모든 눈물을 그 눈에서 닦아 주시니 다시는 사망이 없고 애통하는 것이나 곡하는 것이나 아픈 것이 다시 있지 아니하리니 처음 것들이 다 지나갔음이러라(계 21:4)
본문 주제	천국의 소망

....

◌ **마음 열기**   천국에 꼭 가져가고 싶은 3가지

....

📖 그때 거기서 : 성경 속으로

공과 인도 순서

1. 찬양하기
2. 모임기도
3. 본문읽기
4. 새길말씀
5. 마음열기
6. 말씀나눔
7. 합심기도
8. 교제시간

하나님의 나라, 곧 천국은 신앙생활의 핵심이자 목표입니다. 천국은 신앙이라는 우리의 여정이 끝나는 종착점입니다. 예수님이 재림하시면 우리는 천국에서 하나님과 함께 영원히 살게 됩니다. 예수님의 죽음과 부활을 믿는 그리스도인은 우리의 삶이 이 땅에서의 삶으로만 끝나는 게 아니라 영원한 곳에서의 삶으로 연결된다는 것을 믿고 고백합니다. 이 믿음과 고백이 천국의 소망입니다. 천국의 소망에 닻을 내릴 때, 우리는 흔들리지 않는 인생

을 살 수 있습니다. 우리의 소망이 닿는 곳인 천국은 어떤 곳입니까?

1. 천국은 하나님과 함께 영원히 사는 곳입니다

우리는 지금 이 땅에 살고 있습니다. 우리는 중생하여 하나님을 알게 되고 지금 여기서 하나님과 함께하는 삶을 살고 있습니다. 그러나 이 땅은 완전한 곳이 아닙니다. 우리가 사는 이 땅은 아직도 공중 권세 잡은 존재인 사탄의 지배가 남아있는 곳입니다. 그래서 천국 백성인 우리는 고난 중에 있습니다. 하지만 천국은 이 땅과는 달리 하나님의 주권이 온전하게 실현되는 영역입니다. 천국은 하나님의 다스림이 실현되는 완전한 나라입니다. 천국은 우리가 하나님과 영원히 함께하는 시간과 공간입니다. 우리는 천국에서 하나님과 함께 영원히 살 것입니다.

2. 천국은 눈물이 없는 곳입니다

우리는 아직도 사탄의 지배가 남아있는 이 세상에서 살고 있습니다. 우리는 죄에 묶인 채 고단한 삶을 사는 중입니다. 이 세상에는 우리를 아프게 하고 어렵게 하는 일들이 참 많습니다. 우리의 삶에는 가난, 질병, 사랑하는 사람과의 이별, 핍박 등 슬퍼하고 눈물 흘릴 일이 너무도 많습니다. 그러나 천국에서는 눈물 흘릴 일이 없습니다. 하나님이 우리를 얽어매고 우리를 넘어뜨리는 죄를 다 없애시고, 사탄을 멸망시키셨기 때문입니다. 천국은 하나님의 통치가 온전히 실현된 곳입니다. 죄가 사라지고, 사탄이 멸망한 곳입니다. 천국에서 하나님은 성도의 눈물을 다 씻어주십니다(계 7:17). 하나님의 백성들은 천국에서 하나님의 완전한 통치 아래 평화와 안식을 누리며 살게 될 것입니다.

3. 천국은 저주가 없는 곳입니다

태초의 사람이 타락한 이후, 범죄의 결과로 땅은 저주받아 사람들이 살기가 어려운 상태가 되었습니다(창 3:18-19). 사람은 저주받은 땅에 살면서 고통당하게 되었습니다(창 3:16-17). 그러나 우리를 위한 예수 그리스도의 죽음은 우리를 저주에서 건지셨습니다. 믿음으로 영원한 천국에 들어가게 되면 우리는 저주에서 벗어난 삶을 살게 됩니다. 예수님이 재림하시면 하나님의 백성은 저주가 사라진 천국에서 하나님과 함께 영원토록 왕 노릇을 하며 살게 될 것입니다(계 22:3-5).

📖 지금 여기서 : 내 삶 속으로

1. 사람들은 흔히 천국을 죽어서 가는 어떤 시간과 공간으로 생각합니다. 이 천국 개념과 오늘 나눈 천국 개념은 어떤 점에서 차이가 있습니까?

2. 천국에 대한 소망은 내 삶과 신앙에 어떤 영향을 미치고 있습니까?

3. 오늘 나눈 말씀을 내 삶에 어떻게 적용하시겠습니까?

✝ 요점 정리

1. 천국은 하나님의 다스림이 온전히 실현되는 나라다. 천국은 우리가 하나님과 함께 영원히 사는 곳이다.
2. 천국은 눈물이 없는 곳이다. 하나님의 백성들은 천국에서 하나님의 완전한 통치 아래 평화와 안식을 누리며 살게 될 것이다.
3. 천국은 저주가 없는 곳이다. 예수님이 재림하시면 하나님의 백성은 저주가 사라진 천국에서 하나님과 함께 영원토록 왕 노릇을 하며 살게 될 것이다.

충성으로 예수님을 기다리며

본문 읽기   사도행전 1:8; 고린도전서 4:1-2
새길 말씀   오직 성령이 너희에게 임하시면 너희가 권능을 받고 예
            루살렘과 온 유대와 사마리아와 땅끝까지 이르러 내
            증인이 되리라 하시니라(행 1:8)
본문 주제   재림을 기다리는 성도의 자세

◯ 마음 열기   누구를 만나면서 가장 오래 기다려본 시간은 얼마인가요?

📖 그때 거기서 : 성경 속으로

예수님은 죽음의 권세를 이기고 부활하신 뒤 하늘로 올라가셨습니

공과 인도 순서

1. 찬양하기
2. 모임기도
3. 본문읽기
4. 새길말씀
5. 마음열기
6. 말씀나눔
7. 합심기도
8. 교제시간

다. 하늘로 올라가신 예수님은 하나님이 작정하신 때에 이 세상에 다시 오실 것입니다. 성도는 예수님의 부활과 재림을 믿는 사람들입니다. 성도는 이 땅에서 예수님의 재림을 기다리며 살아가도록 하나님이 부르신 사람들입니다. 예수님은 반드시 재림하십니다. 그때까지 성도인 우리는 어떻게 해야 할까요?

1. 예수님의 죽으심과 부활의 증인이 되는 것입니

다(행 1:8)

예수님은 하늘로 올라가시기 전에 제자들에게 너희는 '내 증인'이
될 것이라고 하셨습니다. "내 증인이 되어라!"가 아니라 "내 증인이 되
리라!"입니다. 예수님은 자신이 약속하신 성령이 오시면 너희를 내 증
인으로 삼으실 것이라고 하셨습니다. 성도가 할 일은 이 약속을 하신
예수님을 신뢰하고, 이 약속을 확신하는 일입니다. 그럼으로써 예수
님의 죽으심과 부활을 목격한 증인이 되는 일입니다. 성도가 목격한
일(예수님의 죽음과 부활)은 죄로 무너진 이 세상을 살리는 하나님의
능력입니다.

2. 그리스도의 일꾼이자 하나님의 비밀을 맡은 자로 사는 일입니다
(고전 4:1)

바울은 자신을 '그리스도의 일꾼'이라고 부릅니다. '일꾼'으로 번역
된 헬라어 '휘페레타스(ὑπηρέτης)'는 '배 밑에서 노를 젓는 노예'의
뜻으로서 원래는 큰 배에서 노 젓는 일을 하는 하층계급의 사람들을
가리키는 말이었습니다. 그러다가 점차 '시중을 드는 사람'이라는 뜻
으로 쓰였습니다. 바울은 이 말을 써서 자신을 '그리스도의 일꾼'이라
부릅니다. 자신은 오직 그리스도께만 종속되어 그분의 시중을 들고
그분의 뜻대로 행하는 사람이라는 겸손의 표시였습니다. 또 바울은
자신을 '하나님의 비밀을 맡은 자'로 부릅니다. '하나님의 비밀'은 하나
님께서 계시하신 구원의 비밀로서 인간의 지혜로는 깨달아 알 수 없
는 영적 진리(고전 2:6-14)를 의미합니다. '맡은 자'는 '노예가 차지하
는 직위(창 39:2-18)'나 '주인의 뜻에 따라 맡겨진 일을 처리하는 자'를
뜻합니다. '하나님의 비밀을 맡은 자'는 그리스도께 권한을 위임받아
그분의 이름으로 사람들에게 '십자가의 도'를 증거하는 자를 말합니
다. 바울은 예수 그리스도의 재림을 기다리는 자신과 교회의 지도자
들, 성도들을 '그리스도의 일꾼'이자 '하나님의 비밀을 맡은 자'로 정의

하고 있습니다.

3. 성도에게 요구되는 것은 충성입니다(고전 4:2)

성도는 그리스도의 일꾼이자, 하나님의 비밀을 맡은 사람들입니다. 성도는 청지기입니다. 청지기에게 요구되는 것은 단순합니다. 충성입니다. 충성은 '신실함, 신뢰할만함'을 의미합니다. 성도에게 요구되는 충성은 마음의 중심을 주인이신 하나님께 드리고, 주인이신 하나님의 뜻을 이루는 것입니다. 청지기에게 요구되는 것은 능력이나 스펙이 아닙니다. 그 어떤 조건도 아닙니다. 충성, 곧 주인이신 하나님께 철저히 순종하려는 태도와 마음입니다.

 지금 여기서 : 내 삶 속으로

1. "내 증인이 되어라!"가 아니라 "내 증인이 되리라!"라는 예수님의 약속이 우리에게 주는 메시지는 무엇입니까?
2. '성도는 청지기'라는 말은 우리에게 어떤 신앙의 도전을 줍니까?
3. 오늘 나눈 말씀을 어떻게 내 삶에 적용하겠습니까?

 요점 정리

1. 예수님이 다시 오실 때까지 성도는 예수님의 죽음과 부활의 증인으로 살아야 한다.
2. 예수님이 다시 오실 때까지 성도는 그리스도의 일꾼이자 비밀을 맡은 자로 살아야 한다.
3. 그리스도의 일꾼이자 비밀을 맡은 자(청지기)로 살아야 하는 성도에게 필요한 것은 충성, 곧 주인이신 하나님께 철저히 순종하려는 태도와 마음이다.

43 옆에 있는 좋은 사람들

본문 말씀 행 18:1-4, 18-26; 롬 16:3-4

본문 읽기	사도행전 18:1-4, 18-26; 로마서 16:3-4
새길 말씀	그들은 내 목숨을 위하여 자기들의 목까지도 내놓았나니 나뿐 아니라 이방인의 모든 교회도 그들에게 감사하느니라(롬 16:4)
본문 주제	성도의 아름다운 연합

◯ **마음 열기** 옆집 사람들과 친하게 지내고 있나요?

📖 그때 거기서 : 성경 속으로

사도행전에는 우리가 본받을 만한 여러 사람이 나오는데, 그중 아굴라와 브리스길라 부부가 있습니다. 바울은 그들을 가리켜 '저희는 내 목숨을 위하여 자기들의 목이라도 내놓았나니(롬 16:3-4)'라고 했습니다. 바울과 이 부부는 아름다운 연합으로 복음 전파에 많은 영향을 미쳤습니다. 바울과 이 부부의 관계를 보며 성도의 아름다운 연합은 어떤 것인지를 생각해 보겠습니다.

공과 인도 순서

1. 찬양하기
2. 모임기도
3. 본문읽기
4. 새길말씀
5. 마음열기
6. 말씀나눔
7. 합심기도
8. 교제시간

1. 아굴라와 브리스길라는 바울의 선교에 가장 헌

신적인 동역자였습니다

아굴라는 본도 출신으로 유대인 노예였는데 훗날 로마에서 자유인이 되었을 것으로 추측되는 사람입니다. 한편 브리스길라는 브리스가의 애칭으로 로마의 시민권을 가진 브리스가 가문에 속한 유대인 여자였을 것으로 보입니다. 아굴라에게는 기술이 있었고, 브리스길라에게는 자본과 인맥이 있었습니다. 결혼한 이 두 사람은 공동으로 천막 제조 사업을 했습니다. 이들은 바울의 선교에서 가장 헌신적인 동역자들이었습니다(3, 18, 19, 26; 롬 16:3; 고전 16:19; 딤후 4:19).

2. 이 부부의 도움은 매우 구체적이었습니다

아굴라와 브리스길라는 바울이 고린도교회를 세울 때 많은 도움을 줍니다(행 18:2). 바울과 함께 고린도를 떠나(행 18:18) 에베소에 머물기도 했고, 자기들의 집을 예배처로 사용하게 했습니다(고전 16:19). 아굴라와 브리스길라는 바울의 옆에서 바울의 필요를 채워주었고, 함께 전도 여행을 했습니다. 바울과 떨어져 있을 때도 바울과 함께했던 복음 전파 사역을 게을리하지 않았습니다. 그들은 말로만 돕지 않았습니다. 그들의 도움은 매우 구체적이었습니다. 그들의 도움은 바울의 선교사역이 열매를 맺는 일에 큰 영향을 주는 도움이었습니다.

3. 아굴라와 브리스길라는 실력 있고 신실한 사람들이었습니다

이방인의 사도로서 바울은 아는 사람이 전혀 없는 크고 번창한 도시에서 전도사역을 펼쳤기에 생계를 스스로 해결해야 했습니다. 후손에게 생계유지에 도움이 되는 기술을 하나씩 가르쳤던 유대인의 전통에서 자라 천막 만드는 기술을 가지고 있던 바울은 전도 여행 중에 천막 만드는 일을 하면서 생활비를 충당합니다(고전 9:1-18; 고후 11:7-12; 살전 2:9; 살후 3:7-10). 바울처럼 장막을 만드는 직업을 가지고 있던 이 부부는(3) 일하는 중에 바울을 만나 결국 선교의 동역자까지 됩니다. 바울과 이 부부 모두 천막 만드는 일에 실력이 없고 신실하지 않았더라면 서로 만나지 못했을 것이고, 선교의 동역자까지 될 수 없었을 것입니다. 자기 삶을 일구는 실력과 신실함이 있는 사람들의 만남이 이방 선교를 확장하고 많은 열매를 거두는 힘이었습니다. 이방 선교는 자신들의 삶을 잘 경영하는 사람들이 하나님께 순종함으로써 자기들의 삶에서 맺은 또 다른 열매였습니다.

 지금 여기서 : 내 삶 속으로

1. 바울과 이 부부가 아름다운 협력을 하는 선교의 동역자가 될 수 있었던 이유는 무엇일까요?

2. 이 아름다운 연합과 협력에서 내게 가장 감동을 주는 부분은 무엇입니까?

3. 내 삶과 신앙에서 이런 아름다운 연합을 하려면 나는 어떻게 해야 할까요? 지금의 내게는 어떤 일이 필요합니까?

요점 정리

1. 브리스길라와 아굴라는 바울 선교에 가장 헌신적인 동역자였다.
2. 브리스길라와 아굴라는 매우 구체적으로 바울을 도왔다. 그들의 도움은 실제적이었다.
3. 바울과 이 부부가 아름다운 연합을 하는 선교의 동역자가 될 수 있었던 것은 자기 삶을 일구는 실력과 신실함이 있었기 때문이었다.

깨어 있음으로 기다립니다

본문 말씀 **마 25:1-13**

본문 읽기 마태복음 25:1-13
새길 말씀 이러므로 너희도 준비하고 있으라. 생각하지 않은 때에
인자가 오리라(마 24:44)
본문 주제 예수님의 재림

◯ **마음 열기** 아침에 잠에서 깨는 시간은 몇시인가요?

📖 그때 거기서 : 성경 속으로

예수님은 다시 오시겠다고 약속하셨습니다. 이 약속대로 예수님은
반드시 다시 오십니다. 예수님의 재림은 반드시 이루어지고야 말 하
나님의 약속입니다. 예수님의 재림은 성도가 이 세
상에서 신앙으로 살며 기다려야 하는 중요한 사건
입니다. 본문은 예수님의 비유입니다. 이 비유에서
우리가 어떻게 예수님의 재림을 준비하며 기다려
야 하는지를 알아보겠습니다.

공과 인도 순서

1. 찬양하기
2. 모임기도
3. 본문읽기
4. 새길말씀
5. 마음열기
6. 말씀나눔
7. 합심기도
8. 교제시간

1. 재림의 때는 아무도 모릅니다

본문의 '그때(1)'는 마태복음 24장에서 언급된 주
님이 재림하실 때를 가리킵니다. 신랑은 예수님을,

신랑을 맞으러 나간 열 처녀는 성도를, 신랑의 갑작스러운 등장은 예수님의 재림을 상징합니다. 신랑을 기다리던 열 처녀 모두 졸며 자고 있었습니다. 그런 때에 신랑은 갑자기 왔습니다. 재림은 언제 일어날지 모르는 사건입니다. 성경에 재림이라는 단어가 구체적으로 나오지는 않습니다. 그러나 신약에는 이 사건에 대해 300회 가량 언급되어 있고, '파루시아(παρουσια)'라는 헬라어가 사용되었습니다(살전 2:19, 3:13; 약 5:7-8; 벧후 1:16, 3:3-7; 요일 2:28 등). 이 헬라어는 일상적인 대화에서 중요한 방문객의 갑작스러운 방문을 의미했다고 합니다(고후 7:6-1; 빌 1:26). 예수님의 재림은 분명히 이루어질 사건입니다(행 1:11). 그러나 그날이 언제인지는 아무도 모릅니다. 오직 아버지 하나님만 아십니다(마 24:36).

2. 재림을 기다리는 일은 쉽지 않습니다

신랑은 반드시 옵니다. 그러나 더디 옵니다. 그래서 신랑이 왔을 때 신랑을 기다리던 열 처녀는 모두 졸며 자고 있었습니다. 자지 않고 있던 처녀는 없었습니다. 기다림은 쉬운 일이 아니었습니다. 재림은 하나님의 약속으로서 반드시 일어날 사건이고, 기독교 신앙은 이 사건에 대한 기다림입니다. 그러나 그때를 알 수 없기에 신앙은 기약 없는 기다림입니다. 이 기다림은 결코 쉬운 일이 아닙니다. 재림을 기다리는 신앙에는 눈물과 인내가 필요합니다.

3. 깨어 있어야 합니다

신랑은 갑자기 왔습니다. 그때 열 처녀는 두 종류로 나뉘었습니다. 혼인 잔치에 필요한 기름을 넉넉하게 준비한 처녀와 그렇지 못한 처녀였습니다. 기름을 준비하지 못해 혼인 잔치에 참여하지 못한 처녀에게 주어진 메시지는 "깨어 있으라"였습니다. 재림을 기다리는 신앙은 '깨어 있음'으로 말할 수 있습니다. '깨어 있음'은 예수님의 재림 약속을 기억하고, 그 소망에 붙들려 사는 일입니다. 나의 연약함과 죄가 있는 일상에서 하나님의 뜻대로 사는 일을 멈추지 않는 것입니다. 예수님의 재림을 기다리는 삶은 결코 쉬운 게 아닙니다. 그래서 우리는 잠들기도 하고 졸기도 합니다. 그러나 그럴 때마다 다시 일어나 신랑이신 예수님의 순결한 신부로 사는 일에 힘쓰는 성실함이 '깨어 있음'입니다. 깨어 있는 사람은 그날과 그때가 언제인지가 중요하지 않습니다. 깨어 있는 사람에게 중요한 일은 설렘으로 신랑이신 예수님을 기다리는 일입니다.

지금 여기서 : 내 삶 속으로

1. 재림을 기다리는 일, 재림신앙을 가지고 살아가는 일이 쉽지 않은 이유는 무엇입니까?

2. 잘못된 재림신앙, 종말신앙에는 어떤 것들이 있습니까?

3. 오늘 나눈 말씀을 어떻게 내 삶에 적용할지 나누어 봅시다.

요점 정리

1. 재림의 때는 아무도 모른다. 오직 아버지 하나님만 아신다.
2. 그때를 알 수 없기에 재림은 기약 없는 기다림이다. 따라서 재림을 기다리는 신앙에는 눈물과 인내가 필요하다.
3. 재림신앙은 '깨어 있음'인데, '깨어 있음'은 예수님의 재림 약속을 기억하고, 그 소망에 붙들려 사는 일이다. 나의 연약함과 죄가 있는 일상에서 하나님의 뜻대로 사는 일을 멈추지 않는 성실함이다.

사랑과 구원이 완성되는 날

본문 말씀 계 20:11-15

본문 읽기	요한계시록 20:11-15
새길 말씀	내가 진실로 진실로 너희에게 이르노니 내 말을 듣고 또 나 보내신 이를 믿는 자는 영생을 얻었고 심판에 이르지 아니하나니 사망에서 생명으로 옮겼느니라(요 5:24)
본문 주제	재림과 심판

○ **마음 열기** 초등학교 졸업식 날(본인 또는 자녀) 먹었던 음식은 무엇인가요?

📖 그때 거기서 : 성경 속으로

공과 인도 순서

1. 찬양하기
2. 모임기도
3. 본문읽기
4. 새길말씀
5. 마음열기
6. 말씀나눔
7. 합심기도
8. 교제시간

예수님의 재림은 시간으로는 역사의 끝이기도 합니다. 예수님이 오시는 날, 이 세상은 마지막을 맞이하게 될 것입니다. 예수님의 재림을 기다리는 신앙이란 이것을 알고, 지금의 내 삶을 하나님의 뜻대로 경영하는 것입니다. 예수님이 다시 오시는 때인 역사의 마지막 때에 이 세상에는 어떤 일이 있을까요?

1. 누구에게나 심판이 있습니다

'크고 흰 보좌(11)'는 하나님의 완전무결한 거룩하심과 모든 피조물이 엎드려야 할 절대 권위를 상징합니다. 하나님이 앉으신 이 보좌는 심판대이기도 합니다. 역사의 마지막 때에 모든 사람은 거룩하고 공의로우신 하나님의 심판대 앞에 서고, '자기 행위를 따라 책들에 기록된 대로' 심판받게 될 것입니다. 바울은 '하나님께서 각 사람에게 그 행한 대로 보응하시되(롬 2:6)'라고 했고, 베드로는 "외모로 보시지 않고 각 사람의 행위대로 심판하시는 이를 너희가 아버지라 부른즉 너희가 나그네로 있을 때를 두려움으로 지내라(벧전 1:17)"라고 했습니다. 예수님이 재림하실 때는 심판이 있습니다. 이 심판은 마지막 심판입니다. 누구도 이 심판을 피할 수 없습니다.

2. 의인은 천국에, 죄인은 지옥에 갑니다

마지막 심판 때에 예수 그리스도를 믿어 생명책에 그 이름이 기록된 자들은 구원받고, 예수 그리스도를 믿지 않은 자들은 그 행위대로 심판받습니다. 심판 뒤에 죄인들 혹은 악인들이 가게 될 곳은 '불 못(20:14)'입니다. 그들은 사탄과 함께 최후의 장소인 불 못에 던져지게 될 것입니다. 반면, 의인들은 마지막 심판 뒤에 새 하늘과 새 땅에서 성결하고 영화롭게 되어 하나님을 찬양하며 하나님과 함께하는 삶을 영원토록 누릴 것입니다(계 21:1). 의인들은 영생을 주시는 하나님과 교제하며, 모든 눈물과 아픔과 사망이 없는 곳에서 영원한 기쁨과 행복을 누리게 됩니다(계 21:3).

3. 성도에게 마지막 심판은 하나님의 사랑이자 구원입니다

심판은 누구에게나 두렵습니다. 더구나 그것이 우주에서 가장 공의로우신 하나님의 심판이라면 더 그렇습니다. 그러나 성도에게 마지막 날에 있을 심판은 두려움이 아니라 감격입니다. 이 심판은 성도가 자기의 이름이 생명책에 기록되어 있음을 확인하는 것이요, 하나님이 성도를 괴롭히던 사탄과 죄를 완전히 멸하시는 것을 보게 되는 일이기 때문입니다. 예수 그리스도를 영접하여 중생한 성도는 행위를 따라 심판받지 않습니다(요 5:24). 마지막 심판 때 성도는 예수 그리스도의 죽음으로 내 죗값이 치러졌으며, 내 이름이 생명책에 기록된 것을 확인합니다. 그래서 성도에게 마지막 심판은 하나님의 사랑이자 구원입니다.

 지금 여기서 : 내 삶 속으로

1. 최후의 심판이 어떤 심판인지를 알 때, 우리의 신앙에는 어떤 유익이 있을까요?

2. 예수님이 재림하실 때 있을 최후의 심판이 나에게 주는 가장 큰 메시지는 무엇입니까?

3. 오늘 나는 이 말씀을 지금의 내 삶에 어떻게 적용할 수 있을까요?

 요점 정리

1. 예수님이 재림하실 때는 심판이 있다. 이 심판은 마지막 심판으로 누구도 피할 수 없다.
2. 최후의 심판 뒤에 의인은 천국에, 죄인은 지옥에 간다.
3. 최후의 심판은 성도가 자기의 이름이 생명책에 기록되어 있음을 확인하는 것이요, 하나님이 성도를 괴롭히던 사탄과 죄를 완전히 멸하시는 것을 보는 일이다. 그래서 성도에게 마지막 심판은 하나님의 사랑이자 구원이다.

마지막을 기다리며

본문 말씀 벧전 4:7-11

본문 읽기 베드로전서 4:7-11
새길 말씀 만물의 마지막이 가까이 왔으니 그러므로 너희는 정신
을 차리고 근신하여 기도하라(베드로전서 4:7)
본문 주제 재림의 준비

◯ **마음 열기** 학교 다닐 때 기억나는 준비물은 무엇인가요?

📖 **그때 거기서 : 성경 속으로**

예수님의 재림은 교회 역사 초기부터 가장 큰 주제였습니다. 본서
의 저자인 베드로는 모든 것의 마지막이 임박했다고 단언합니다. 그

공과 인도 순서
1. 찬양하기
2. 모임기도
3. 본문읽기
4. 새길말씀
5. 마음열기
6. 말씀나눔
7. 합심기도
8. 교제시간

러면서 종말을 대비하라고 합니다. 종말은 예수님
이 재림하시는 때입니다. 따라서 종말을 대비하는
것은 예수님의 재림을 준비하는 일입니다. 우리는
어떻게 예수님의 재림을 준비할 수 있습니까?

1. 기도합니다(7)
재림의 시기는 오직 하나님만 아십니다. 예수님
이 다시 오시는 그날과 그때는 도적 같이 올 것입
니다(막 13:32; 살전 5:1-2). 또 예수님의 재림이 가

까워질수록 사탄은 더욱 성도를 시험에 빠뜨리고 진리에서 떠나가도
록 미혹할 것이며, 세상에는 온갖 죄와 악이 가득할 것입니다. 그래서
'깨어 있음'은 재림신앙의 핵심입니다. 성도는 늘 깨어있어야 합니다.
깨어 있으려면 기도해야 합니다. 기도하면 하나님과 교제하게 되고,
죄에 대해 민감해지며, 영을 분별할 수 있게 됩니다. 성도는 기도로써
예수님의 재림을 준비해야 합니다.

2. 사랑합니다(8-9)

재림신앙에서 기도가 하나님과 관계하고 교제하는 일의 필수 요소
라면, 사랑은 사람들과 관계하고 교제하는 일의 필수 요소입니다. 베
드로는 뜨겁게 사랑하라고 권면합니다. 사랑의 구체적인 내용은 첫
째, 허다한 죄를 덮는 일입니다. 죄를 덮는 것은 죄의 간과나 묵인이
아닙니다. 상대를 있는 그대로 받아들이며, 상대의 허물과 죄를 참아
줌으로써 성령의 하나 되게 하심을 지키는 일입니다. 둘째, 서로 대접
하는 일입니다. 나그네 대접은 초대교회에서 중요한 덕목 중의 하나
였습니다(딤전 3:2; 단 1:8; 히 13:2; 요삼 1:5-8). 특히 신실한 성도들
은 복음 전도자들이 사역을 위하여 장소를 옮길 때 장소를 제공하거
나 여러 가지 도움을 주었습니다. 이 땅에서 나그네로 사는 동안 의지
할 곳 없는 형제, 자매들을 영접하며 후대하는 일은 매우 소중한 사랑
표현입니다.

3. 봉사합니다

신앙은 개인적인 동시에 공동체적입니다. 구원은 하나님과 나 사이
에 일어나는 개인적인 일입니다. 그러나 한 사람의 신앙은 하나님과
맺은 일대일 관계에서 시작하여 공동체에서 완성되어야 합니다. 예수
그리스도를 머리로 하는 한 몸으로 지어져 가는 일은 만유를 향한 하
나님의 뜻이고(엡 1:10), 그 안에서 배우는 사랑이 신앙의 꼭짓점이기

때문입니다. 종말의 시대를 사는 성도들은 이것을 기억하고 하나님께 받은 각양 은사를 공동체를 위해 써야 합니다. 은사는 나만 빛나라고 주시는 능력이 아닙니다. 은사는 몸을 세워 같이 빛나라고 주시는 선물입니다. 성도는 예수님이 다시 오시는 마지막 때까지 은사를 사용하여 공동체의 유익을 위해 봉사해야 합니다. 재림은 나만 홀로 높이 올라간 곳에서 목격하는 사건이 아닙니다. 다른 지체들과 한 몸이 되어 맞이하고, 한 눈이 되어 목격해야 하는 사건입니다.

 지금 여기서 : 내 삶 속으로

1. '깨어 있음'은 왜 재림신앙의 핵심입니까?

2. 하나님이 내게 주신 은사는 재림신앙 안에서 어떻게 사용되어야 할까요?

3. 오늘 나눈 말씀을 어떻게 내 삶에 적용할 수 있을까요?

 요점 정리

1. 기도로 재림을 준비하라. 재림신앙의 핵심은 '깨어 있음'인데, 늘 깨어 있으려면 기도해야 한다.
2. 사랑으로 재림을 준비하라. 재림신앙에서 기도가 하나님과 관계하고 교제하는 일의 필수 요소라면, 사랑은 사람들과 관계하고 교제하는 일의 필수 요소다.
3. 봉사로 재림을 준비하라. 성도는 예수님이 다시 오시는 마지막 때까지 은사를 사용하여 공동체의 유익을 위해 봉사해야 한다.

47 한 몸이며, 여러 지체이니

본문 말씀 **롬 12:3-21**

본문 읽기　로마서 12:3-21
새길 말씀　이와 같이 우리 많은 사람이 그리스도 안에서 한 몸이
　　　　　　되어 서로 지체가 되었느니라(롬 12:4)
본문 주제　사랑 : 한 몸을 이룸

- -
◯ **마음 열기**　여럿이 모여 하나 된 경험이 있나요?(작은 것이라도)
- -

📖 그때 거기서 : 성경 속으로

기독교 신앙은 개인적인 행동인 동시에 공동체적인 행동입니다. 나를 찾아오신 하나님과 나 사이에 일어난 개인적인 사건인 구원은 내

공과 인도 순서

1. **찬양하기**
2. **모임기도**
3. **본문읽기**
4. **새길말씀**
5. **마음열기**
6. **말씀나눔**
7. **합심기도**
8. **교제시간**

가 속한 교회 공동체 안에서 너와 내가 함께하는 공동체적인 사건과 연결되어야 합니다. 서로 연합하여 예수 그리스도를 머리로 하는 한 몸으로 지어져 가는 일은 만유를 향한 하나님의 뜻이고(엡 1:10), 이 연합 안에서 때로는 아프게 배워가는 사랑이 신앙의 꼭짓점이기 때문입니다. 오늘은 본문에서 우리가 어떻게 이 일을 할 수 있는지를 알아봅니다.

1. 중생한 우리는 예수 그리스도를 머리로 하는 한 몸입니다

중생은 개인적인 사건입니다. 우리는 집단으로 구원받을 수 없습니다. 한 사람 한 사람이 각자 자기의 시간에 자기의 사건 안에서 주님을 개인적으로 만나고, 하나님과 인격적 관계를 맺는 사건이 구원입니다. 중생은 결코 집단으로 경험하는 사건일 수 없습니다. 그러나 중생의 결과는 집단적이고 공동체적입니다. 중생하면 우리는 그리스도의 한 몸이 됩니다. 중생하면 우리는 예수 그리스도를 머리로 하는 주님의 한 몸으로 존재합니다. 한 몸으로 존재하지 않는 성도는 없습니다. 이것을 아는 성숙한 성도와 알지 못하는 어린 성도가 있을 뿐입니다. 중생한 우리는 예수 그리스도를 머리로 하는 한 몸입니다.

2. 우리는 지체이기도 합니다

우리가 한 몸이라고 해서 일사불란하게 같은 동작을 하는 집단인 것은 아닙니다. 우리는 여럿으로 나뉜 지체이기도 합니다. 성도는 '나'인 동시에 '우리'입니다. 성도는 뚜렷한 개성을 가졌으나, 아버지의 본질인 사랑이라는 하나의 인격을 이루는 살아있는 한 몸입니다. 성도는 하나님이 주신 은혜대로 각자 독특한 은사를 지닌 개체입니다. 우리 한 사람 한 사람은 자기만의 독특한 은사를 가진 지체입니다. 그래서 우리는 서로를 각자가 지닌 믿음의 분량으로 알아볼 수 있습니다. 각 사람은 흉내 낼 수 없을 만큼 고유하고 독특하며 아름답습니다.

3. 자기의 기능을 다할 때 비로소 온전한 한 몸이 됩니다

"한 몸으로 존재한다"라는 말이 "모두 같은 생각을 하고, 같은 모양으로 움직인다"라는 말은 아닙니다. "한 몸으로 존재한다"란 말은 오히려 지체로서 자기가 지닌 개성과 자기가 받은 독특한 은사를 명확하게 이해하고, 자기의 기능을 온전하게 감당한다는 말입니다. 우리는 모두 은사를 받았고, 받은 은사는 각각 다릅니다. 이 은사에는 우열이 없습니다. 다만 주신 분의 주권에 따라 차이와 쓸모가 있을 뿐입니다. 이것을 알 때 우리는 상대를 진심으로 존중할 수 있고, 자기의 기능을 다할 수 있습니다. 누구의 흉내를 내지 않고 자기 기능을 다하며 참다운 자신으로 존재할 수 있습니다. 이것이 바로 사랑이고, 사랑으로 존재할 때 우리는 비로소 온전한 몸이 됩니다. 그리고 그 한 몸이 하나님의 영광을 이 세상에 드러냅니다.

 지금 여기서 : 내 삶 속으로

1. '중생은 개인적인 사건인 동시에 공동체적인 사건이고, 기독교 신앙은 개인적인 행동인 동시에 공동체적인 행동'이라는 말은 무슨 말입니까? 각자 자기가 이해한 대로 이야기해 봅시다.

2. 내가 받은 은사는 무엇입니까?

3. 나는 앞으로 어떻게 교회라는 공동체를 이루는 지체로 살아가겠습니까? 구체적으로 나누고, 결단해 봅시다.

✝ 요점 정리

1. 중생한 우리는 예수 그리스도를 머리로 하는 한 몸이다.
2. 우리는 한 몸을 이루는 지체이기도 하다.
3. 자기의 기능을 다할 때 우리는 비로소 온전한 한 몸이 된다.

우리가 기다리던 바로 그분

본문 말씀 **눅 2:25-38**

본문 읽기   누가복음 2:25-38

새길 말씀   지극히 높은 곳에서는 하나님께 영광이요 땅에서는 하
               나님이 기뻐하신 사람들 중에 평화로다 하니라(누가
               복음 2:14)

본문 주제   예수님을 기다림

○ **마음 열기**   크리스마스 때 받고 싶을 선물은 무엇인가요?

📖 **그때 거기서 : 성경 속으로**

공과 인도 순서

1. 찬양하기
2. 모임기도
3. 본문읽기
4. 새길말씀
5. 마음열기
6. 말씀나눔
7. 합심기도
8. 교제시간

성경을 한 단어로 바꾸면 '기다림'으로 바꿀 수 있습니다. 구약까지의 역사는 메시아를 기다리는 역사였고, 신약 이후의 역사는 다시 오실 예수님을 기다리는 역사입니다. 예수님이 태어나실 당시 많은 사람이 메시아를 기다리고 있었습니다. 본문은 그중 예수님을 만난 두 사람의 이야기입니다. 이 사람들의 이야기를 보며 우리가 어떻게 예수님을 기다려야 하고, 어떻게 기다릴 때 예수님을 만날 수 있는지를 생각해 봅니다.

1. 믿음으로 기다렸습니다

하나님은 이스라엘이 망한 뒤 그들을 회복하고 구원할 메시아를 약속하셨습니다(사 1:1, 61:1-2; 미 5:2; 슥 9:9). 이스라엘은 이 약속을 바라보았습니다. 역사라는 무대 위에서 흥망성쇠를 거듭하는 제국에게 나라를 빼앗기는 아픔을 견디며 하나님이 약속하신 메시아를 간절히 기다렸습니다. 그러나 메시아는 오지 않았습니다. 계속되는 강대국의 지배와 기약 없는 기다림만 이어졌습니다. 예수님이 탄생하실 즈음, 메시아는 여전히 오지 않았고 이스라엘은 강대국 로마의 지배 아래 있었습니다. 기약 없는 기다림은 사람을 지치게 합니다. 기약 없는 기다림 속에 이스라엘 백성들은 많이 지쳐 있었습니다. 메시아를 향한 열망만큼 절망도 깊어진 상태였습니다. 신앙은 형식화되고, 일상은 건조했습니다. 그런데도 본문을 보면 여전히 믿음으로 메시아를 기다리던 두 사람이 예수님을 만납니다.

2. 믿음이 있었던 시므온은 예수님을 만나고 하나님을 찬송했습니다

시므온은 의롭고 경건하여 이스라엘의 위로를 기다리는 사람이었고, 성령이 그 위에 계셨던 사람으로 소개됩니다(25). 당시는 불의한 시대로서 믿음으로 살기가 어려운 시대였습니다. '의롭다'라는 말은 하나님 앞에서 믿음으로 산다는 말입니다. 믿음으로 살았던 시므온은 주의 그리스도(메시아)를 보기 전에는 죽지 않는다는 성령의 음성을 듣습니다. 결국 성령의 음성대로 난 지 8일이 지나 할례받기 위해 성전에 올라온 메시아 예수님을 만납니다. 성령충만한 시므온은 예수님을 즉시 알아보고 하나님을 찬송합니다.

3. 믿음의 사람 안나가 예수님을 만나고 하나님께 감사했습니다

안나는 아셀 지파 바누엘의 딸로 선지자였습니다. 안나는 결혼한 지 7년 만에 과부가 되어 84년 동안 홀로 살아온 여인으로서 늘 성전을 떠나지 않고 주야로 금식하며 기도하던 사람이었습니다. 메시아를 믿음으로 간절히 기다렸다는 말입니다. 기약 없는 기다림은 힘든 일입니다. 그러나 안나는 오랜 기다림 속에 살았습니다. 메시아에 대한 소망을 절대 놓지 않았습니다. 결국 안나도 성전에서 예수님을 만납니다. 마침 시므온이 하나님을 찬송하던 때(38)였습니다. 안나는 하나님께 감사했습니다. 그리고 예루살렘의 구원을 기다리는 많은 사람에게 예수님을 메시아로 선포하고 증거했습니다.

 지금 여기서 : 내 삶 속으로

1. 재림이 더디 올 때, 우리의 삶과 신앙에는 어떤 일이 일어납니까?

2. 예수님을 만난 두 사람의 공통점은 무엇일까요?

3. 오늘 나눈 이 말씀을 내 삶에 어떻게 적용하시겠습니까?

 요점 정리

1. 기약 없는 기다림에 많은 사람이 메시아를 기다리는 일에 지쳐 있었다. 그런데도 여전히 믿음으로 메시아를 기다리던 두 사람은 예수님을 만났다.
2. 의롭고 경건한 사람, 곧 믿음이 있고 성령충만했던 시므온은 메시아이신 예수님을 만나자 즉시 알아보고 하나님을 찬송했다.
3. 메시아에 대한 소망을 절대 놓지 않고 있던 믿음의 사람 안나도 성전에서 예수님을 만나고 하나님께 감사했다.

임마누엘 하나님이 태어나셨다

본문 말씀 마 1:18-25

본문 읽기 마태복음 1:18-25
새길 말씀 그러므로 주께서 친히 징조를 너희에게 주실 것이라.
보라 처녀가 잉태하여 아들을 낳을 것이요 그 이름을
임마누엘이라 하리라(사 7:14)
본문 주제 예수님의 탄생

○ **마음 열기** 당신이 태어난 곳은 어디인가요?

📖 그때 거기서 : 성경 속으로

이스라엘은 오랜 세월 메시아를 기다렸고, 이 기다림은 예수님의
탄생으로 끝이 났습니다. 기약이 없던 기다림은 예
수님의 탄생으로 인류의 소망이 되었습니다. 본문
은 마리아와 정혼한 요셉에게 천사가 찾아가 메시
아의 탄생을 알리는 이야기입니다. 이 이야기에서
우리는 메시아로 오신 예수님, 다시 오시겠다고 우
리에게 약속하신 예수님의 본질을 보게 됩니다.

공과 인도 순서

1. 찬양하기
2. 모임기도
3. 본문읽기
4. 새길말씀
5. 마음열기
6. 말씀나눔
7. 합심기도
8. 교제시간

  1. 예수님의 탄생은 하나님이 하신 일이었습니다
  마리아의 수태는 성령이 하신 일이었습니다(눅

1:35). 요셉은 이 사실을 알지 못하고 당황합니다. 하지만 의인 요셉은 마리아를 위해 조용히 이 사실을 처리하려 합니다. 복잡한 심경으로 요셉은 잠이 드는데, 꿈속에 하나님의 천사가 나타나 이 모든 일이 하나님의 뜻에 따라 이루어진 것임을 알려줍니다. 요셉은 그제야 이 모든 일이 주께서 선지자로 하신 말씀대로 이루신 것임을 깨닫습니다. 잠에서 깬 그는 천사의 말대로 마리아를 데려와 아들을 낳기까지 동침하지 않았고, 아기를 낳자 이름을 '예수'라고 지었습니다.

2. 예수님의 탄생은 하나님의 약속이 이루어진 것이었습니다

천사는 요셉을 '다윗의 자손'이라고 부릅니다. 이 표현은 하나님이 다윗의 자손에서 메시아가 나게 하실 것이라는 약속의 말씀을 이루고 계심을 뜻합니다. 또 천사는 700년 전 이사야가 예언한 말씀(사 7:14)을 인용해 예수님의 탄생이 지닌 의미를 전해줍니다. 이것 역시 하나님이 약속을 이루고 계신다는 뜻입니다. 하나님은 인류의 타락 이후 인간 구원을 약속하셨습니다. 역사 속에서 이 구원 약속을 계속 반복해 말씀하셨고, 신실하게 지켜오셨습니다. 이 신실하심이 지금 본문에서 한 아기의 탄생 예고로 드러나고 있습니다. 이제 인간은 하나님의 약속을 듣고 읽을 뿐 아니라 직접 볼 수 있게 됩니다. 예수님은 눈에 보이도록 움직이는 하나님의 약속이셨습니다. 예수님의 탄생은 하나님의 약속 실현이었습니다. 예수님의 탄생은 갑작스럽고 우발적인 사건이 아니라 하나님의 섭리가 작용하는 사건이었습니다.

3. 예수님은 하나님의 약속대로 오신 구세주, 임마누엘 하나님이셨습니다.

성령으로 잉태된 아기와 관련된 이름은 두 가지로서 예수님이 이 땅에 오신 목적을 담고 있습니다. 하나는 '예수'입니다. 이는 히브리어 '여호수아'의 헬라식 표현으로 "여호와는 구원이시다"라는 뜻입니다.

성령으로 잉태되어 마리아에게서 태어날 이 아기는 인류를 죄에서 구원할 존재라는 말입니다. 다른 이름은 '임마누엘'입니다. '임마누엘'은 "하나님이 우리와 함께 계시다."라는 뜻으로 이 아기는 하나님이 우리와 함께하시는 증거가 된다는 말입니다. 이 두 가지 이름에서 죄의 지배를 받으며 고통당하는 인류는 소망을 봅니다. 하나님은 인간을 버리시지 않았습니다. 우리가 보지 못하고 느끼지 못했을 뿐, 언제나 우리와 함께 계셨습니다.

📖 지금 여기서 : 내 삶 속으로

1. 예수님이 탄생하신 의미를 말해 봅시다.

2. 예수님의 탄생은 내게 어떤 의미가 있습니까?

3. 오늘 나눈 말씀을 어떻게 내 삶에 적용할지 구체적으로 나누어 봅시다.

✝ 요점 정리

1. 예수님의 탄생은 하나님이 하신 일이었다.
2. 예수님의 탄생은 갑작스럽고 우발적인 사건이 아니라 하나님의 섭리가 작용하는 사건이었다. 하나님의 약속 실현이었다.
3. 예수님은 하나님의 약속대로 오신 구세주, 임마누엘 하나님이셨다.

50 예루살렘의 반응입니까, 베들레헴의 반응입니까?

본문 말씀 마 2:1-12

본문 읽기 　마태복음 2:1-12
새길 말씀 　집에 들어가 아기와 그의 어머니 마리아가 함께 있는
　　　　　　것을 보고 엎드려 아기께 경배하고 보배합을 열어 황
　　　　　　금과 유향과 몰약을 예물로 드리니라(마 2:11)
본문 주제 　평화의 왕이신 예수님께 경배함

○ **마음 열기**　당신은 약속을 잘 지키시는 편인가요? 약속 때문에 손해본 경험은?

📖 **그때 거기서 : 성경 속으로**

하나님이 천사를 통해 알리신 대로 성령으로 잉태된 예수님이 이
땅에 태어나십니다. 이때 예수님의 탄생에 관해 유
대에는 전혀 다른 2가지 반응이 있었습니다. 마태
는 완전히 다른 이 2가지 반응을 기록합니다. 그럼
으로써 우리가 어떤 모습으로 평강의 왕으로 오시
는 예수님을 맞이해야 하는지를 말합니다.

공과 인도 순서
1. 찬양하기
2. 모임기도
3. 본문읽기
4. 새길말씀
5. 마음열기
6. 말씀나눔
7. 합심기도
8. 교제시간

　1. 별의 인도를 따라 동방으로부터 박사들이 예루
살렘에 왔습니다
　'동방'은 예루살렘 동쪽에 있는 곳으로서 당시 과

학과 문화가 발달했던 최고의 도시인 바벨론으로 추정됩니다. 헤롯이 유대를 다스리고 있던 어느 날, 당대 최고의 학술을 가졌던 박사들이 동방을 떠나 예루살렘에 도착합니다. 그리고 유대인의 왕으로 나신 이를 찾습니다. 그들은 별의 인도를 받아 예루살렘에 왔습니다. 그들이 별의 인도를 따라 예루살렘에 왔다는 말은 하나님이 그들을 인도하셨다는 뜻입니다. 예수님의 탄생은 하나님이 구약시대 내내 약속하셨던 탄생이었고, 동방으로부터 박사들이 별을 따라 예루살렘에 온 것은 하나님의 정확한 인도였습니다. 마태는 예수님의 탄생이 인류 구원을 위해 하나님이 하신 일이라는 것을 강조하고 있습니다.

2. 예루살렘은 예수님의 탄생에 소동하는 것으로 반응했습니다

헤롯은 에돔 사람으로서 유대인의 왕이 될 수 없는 사람이었습니다. 하지만 권모술수로 유대인의 왕이 되어 폭력으로 유대를 통치하던 사람이었습니다. 그런 헤롯에게 유대인의 왕으로 나신 이를 경배하러 왔다는 박사들의 말은 엄청난 충격이었습니다. 그래서 헤롯과 온 예루살렘은 크게 소동합니다. 헤롯은 분노했고, 백성들은 헤롯이 또 무슨 일을 저지를지 몰라 불안했습니다. 결국 예수님을 찾지 못한 헤롯은 분노에 휩싸여 두 살 아래의 사내아이를 죽이는 것으로 반응합니다. 예수님을 왕으로 인정할 수 없는 거기에 평화는 없었습니다. 소동과 불안, 분노와 아이를 잃은 부모들의 슬픔만이 가득할 뿐이었습니다.

3. 박사들은 예수님의 탄생에 기쁨으로 경배하는 것으로 반응했습니다

예루살렘에서 그리스도를 찾지 못한 박사들은 다시 자신들을 인도한 별을 따라 유대의 변방인 베들레헴으로 갑니다. 아기가 있는 곳에 별이 머물자 그 집에 들어가 예수님과 그의 어머니 마리아가 함께 있는 것을 봅니다. 왕을 발견한 그들은 아기께 엎드려 경배하고 예물을 드립니다. 그들은 보배합을 열어 왕이 받을 만한 예물인 황금과 유향과 몰약을 드립니다. 이렇게 '이방의 왕들이 메시아 앞에 예물을 드리고, 복종하게 될 것(시 72:10; 사 50:6)'이라는 구약의 예언이 이루어집니다. 예수님을 왕으로 인정하는 거기에는 평화가 있었습니다. 인류를 죄에서 건지러 오신 왕을 찾고, 보고, 경배하는 기쁨이 가득했습니다.

🚪 지금 여기서 : 내 삶 속으로

1. 나는 예수님의 탄생에 어떤 모습으로 반응하고 있는 것 같습니까? 예루살렘의 모습으로 반응하고 있습니까, 베들레헴의 모습으로 반응하고 있습니까?

2. 내가 예수님을 왕으로 인정하지 않을 때, 예수님이 내 삶에 왕이 되시지 못할 때 내 삶에는 어떤 일이 일어납니까?

3. 오늘 나눈 말씀을 내 삶에 어떻게 적용하겠습니까?

✝️ 요점 정리

1. 예수님의 탄생은 인간에게 구원을 약속하시고 이를 지키고 계신 하나님이 하신 일이었다.
2. 예수님을 왕으로 인정할 수 없는 예루살렘은 예수님의 탄생에 소동하는 것으로 반응했다.
3. 예수님을 왕으로 인정하는 베들레헴은 예수님의 탄생에 기쁨으로 경배하는 것으로 반응했다.

하나님이 약속대로 오게 하신 분

본문 말씀 **사 9:2-7**

51

본문 읽기   이사야 9:2-7

새길 말씀   이는 한 아기가 우리에게 났고 한 아들을 우리에게 주
            신 바 되었는데 그 어깨에는 정사를 메었고 그 이름은
            기묘자라, 모사라, 전능하신 하나님이라, 영존하시는
            아버지라, 평강의 왕이라 할 것임이라(사 9:6)

본문 주제   평화의 왕으로 오신 예수 그리스도

○ **마음 열기**   예수님의 헤어스타일을 상상하고 얘기해보세요.

📖 그때 거기서 : 성경 속으로

공과 인도 순서

1. 찬양하기
2. 모임기도
3. 본문읽기
4. 새길말씀
5. 마음열기
6. 말씀나눔
7. 합심기도
8. 교제시간

예수님의 탄생은 예언의 실현이었습니다. 예수
님은 하나님이 주신 구원 약속의 이루어짐이었습
니다. 이사야 선지자는 예수님이 이 땅에 오시기
700년 전에 이미 평강의 왕으로 오실 메시아를 예
언하고 있었습니다. 이사야는 죄에 대한 심판으
로 북이스라엘은 앗수르에게, 남유다는 바벨론에
게 멸망 당하는 시대 상황 속에서 메시아를 예언했
습니다. 심판과 징계 뒤에 이루어질 평화의 나라와
그 나라를 통치할 평화의 왕에 대해 예언했습니다.

이 예언 속에서 우리는 평화의 왕으로 오시는 예수님이 어떤 분이신지를 알게 됩니다.

1. 이사야는 메시아와 그의 나라를 예언합니다

죄악과 불신앙에 대한 공의로운 심판을 받아 이스라엘은 처참하게 망합니다. 그러나 그게 끝이 아닙니다. 때가 되면 고통과 흑암으로 가득한 땅에 하나님이 약속하신 메시아가 오실 것입니다. 그는 다윗의 자손으로 빛으로 와서 고통과 흑암이 가득한 땅에 참 자유와 광명을 주실 것입니다. 그는 다윗의 왕위에 앉아 왕국을 세우고, 평화와 공의로 그 왕국을 다스릴 것입니다. 메시아와 그의 나라는 죄와 심판 가운데서 살아가는 인간에게 하나님이 주시는 소망입니다.

2. 메시아는 완전하고 영원한 통치를 실현할 것입니다

옛 중동에서는 새 임금을 높이는 여러 가지 별명을 즉위 문서에 올렸습니다. 이사야는 이 관습을 따라 새로운 나라를 세우실 새로운 왕을 높이는 여러 가지 별명을 기록합니다. 메시아는 '기묘자며 모사'로서 인간의 모든 문제를 완전한 지혜로 의논하고 해결하실 것입니다. 메시아는 전능하신 하나님이며, 자기 백성을 돌보시는 아버지시며, 평강의 왕으로서 자기 백성을 세심하게 돌보고 바른 길로 인도할 것입니다. 그의 통치는 완전하며 영원합니다.

3. 하나님의 열심이 이 일을 이룰 것입니다

이사야는 만군의 여호와의 열심이 메시아 약속을 이룰 것이라고 예언합니다. 그 하나님을 바라보는 것이 믿음이라는 말입니다. 인간의 간절한 바람이 메시아를 등장시키는 게 아닙니다. 메시아를 역사 속에 등장시키는 건 하나님의 열심입니다. 인간이 어떠한 조건을 만들어내도 그것과 상관없이 인간을 사랑하시는 하나님이 메시아를 이 세상에 보내십니다. 인간을 향한 무조건적인 사랑이 메시아를 약속하고, 때가 되어 이 세상에 태어나게 합니다. 여호와의 열심이 인간이 죄에 지배받으며 만들어내는 숱한 장애물을 극복하고, 메시아를 보내시어 영원한 평화를 인간에게 주신다는 약속을 이루어냅니다. 인간의 구원을 위해 열심을 내시는 하나님을 바라보는 것이 믿음입니다.

 지금 여기서 : 내 삶 속으로

1. 이사야의 메시아 예언은 예수님에게 어떻게 이루어졌습니까?

2. 이사야의 메시아 예언이 내게 주는 소망은 무엇입니까?

3. 오늘 나눈 말씀을 어떻게 내 삶에 적용하겠습니까?

 요점 정리

1. 이스라엘의 불신앙에 대한 경고, 죄에 대한 책망과 심판을 예언하던 이사야는 이제 메시아와 그가 세울 영원하고 평화로운 나라를 예언한다.
2. 약속대로 오실 메시아는 완전하고 영원한 통치를 실현할 것이다.
3. 하나님의 열심이 이 약속을 이루실 것이다.

52 기쁜 소식을 전하세

본문 말씀 **눅 2:8-20**

본문 읽기	누가복음 2:8-20
새길 말씀	천사가 이르되 무서워하지 말라. 보라, 내가 온 백성에게 미칠 큰 기쁨의 좋은 소식을 너희에게 전하노라(눅 2:10)
본문 주제	기쁜 소식 전하기

○ **마음 열기** 살면서 가장 기뻤던 순간은 언제인가요?

📖✝ **그때 거기서 : 성경 속으로**

본문은 예수님의 탄생에 대한 누가의 기록입니다. 누가는 구체적인 역사적 사건을 배경으로(2:1-7) 예수님의 탄생 이야기를 기록합니다. 예수님의 탄생이 역사 속에 실제로 일어났던 일임을 말하기 위해서입니다. 아우구스투스가 로마의 황제이고, 구레뇨가 시리아의 총독으로 있던 시절, 로마 전역에서는 세금을 더 걷으려는 목적에서 인구 조사가 실시됩니다. 그때 유대의 변방 베들레헴에 예수님이 태어나십니다.

> **공과 인도 순서**
> 1. 찬양하기
> 2. 모임기도
> 3. 본문읽기
> 4. 새길말씀
> 5. 마음열기
> 6. 말씀나눔
> 7. 합심기도
> 8. 교제시간

1. 목자들이 가장 먼저 큰 기쁨의 좋은 소식을 들

었습니다

예수님이 태어나신 소식을 가장 먼저 들었던 사람들은 목자들이었습니다. 천사가 가장 먼저 '큰 기쁨의 소식'을 전해준 사람들은 유대의 중앙 예루살렘에 있는 왕과 귀족들, 종교 지도자들이 아니었습니다. 유대의 변방 베들레헴에 있던 목자들, 당시에 가장 낮고 천한 자리에 있던 소외계층의 사람들이었습니다. 이런 사실은 신의 본체를 버리고 자기를 낮춰 인간을 구원하러 이 땅에 오신 예수님의 본질, 이 세상에 와서 의인이 아니라 죄인을 찾아가 구원하신 예수님의 행동과도 일치합니다.

2. 큰 기쁨의 좋은 소식은 구주의 탄생이었습니다

목자들이 들은 큰 기쁨의 좋은 소식은 구주, 곧 그리스도 주가 이 세상에 태어나셨다는 것이었습니다. '그리스도(Χριστός)'는 하나님이 보내신 메시아를 뜻합니다. '주(κύριος)'란 당시 여러 나라를 지배하던 로마의 황제에게 쓰였던 말로, 예수님의 위치를 강조합니다. 지금 한 왕이 태어났습니다. 그러나 그는 힘으로 통치하는 황제가 아닙니다. 그가 이룰 평화는 약자를 힘으로 제압하여 얻은 상태가 아닙니다. 그는 모든 인류를 죄에서 건지고 자유와 평화를 주러 오신 왕입니다. 그는 사랑으로 통치합니다. 그의 평화는 자기 안에 있는 죄를 없앰으로써 오는 평화입니다. 이 새로운 왕은 사랑과 섬김으로 소수의 강자가 아니라 모두가 행복한 새로운 나라를 세울 것입니다.

3. 목자들은 큰 기쁨의 좋은 소식을 전했습니다

천사에게 큰 기쁨의 좋은 소식을 들은 목자들은 즉시 아기를 찾아갑니다. 그리고 사람들에게 천사가 자기들에게 이야기한 큰 기쁨의 좋은 소식을 전합니다. 그들의 이야기를 듣고 기이히 여긴 사람도 있었고(18), 그 모든 말을 마음에 새긴 마리아도 있었습니다(19). 하지만 상관없었습니다. 목자들은 직접 큰 기쁨의 좋은 소식을 듣고, 구유에 누운 아기를 본 사람들이었습니다. 천사가 말한 것이 현실임을 직접 목격한 목자들은 자기들이 듣고 본 모든 것에 감격하여 하나님께 영광을 돌리고 하나님을 찬송하며 돌아갔습니다.

 지금 여기서 : 내 삶 속으로

1. 내게 예수님의 탄생 소식이 기쁜 소식이 되려면 나는 어떻게 해야 합니까?

2. 목자들의 행동에서 우리가 배울 신앙의 모습에는 어떤 것들이 있습니까?

3. 오늘 나눈 이 말씀을 어떻게 내 삶에 적용하겠습니까?

 요점 정리

1. 예수님의 탄생 소식을 가장 먼저 들었던 사람들은 목자들로서 당시에 가장 낮고 천한 자리에 있던 소외계층의 사람들이었다.
2. 목자들이 들은 큰 기쁨의 좋은 소식은 구주, 곧 그리스도 주가 이 세상에 태어나셨다는 것이었다. 이 새로운 왕은 사랑과 섬김으로 소수의 강자가 아니라 모두가 행복한 새로운 나라를 세운다.
3. 목자들은 큰 기쁨의 좋은 소식을 주변에 전했다.